歴史文化ライブラリー

87

皇軍慰安所とおんなたち

峯岸賢太郎

吉川弘文館

目次

皇軍慰安婦の傷痕と告発――プロローグ

身体的傷痕

戦時下、日本軍将兵への性的奉仕を強制された皇軍慰安婦（従軍慰安婦）は、日本の敗戦による解放後もさまざまな傷跡を残し、それに耐えながら生きてきた。その傷跡は、身体的傷痕と心的外傷に大別されよう。

身体的傷痕としては、過剰性交を強いられたがために、性器に異状を来しているケースが挙げられる。韓国の元軍慰安婦、姜徳景さんは次のように訴えている（韓国挺身隊問題対策協議会・挺身隊研究会編、従軍慰安婦問題ウリヨソンネットワーク訳『証言―強制連行された朝鮮人軍慰安婦たち』明石書店、一九九三年。以下、『証言』Ⅰと略記）。

慰安所に行ったために特に体全体が痛むのです。若いときは毎月生理が来るたびに痛みがひどくて、二日ほど部屋中をころげ回っていました。あまりの痛さに注射を受けなければなりませんでした。またしょっちゅう下血をしました。漢方薬局に行ったり、産婦人科に行ったりしました。この痛みさえとれれば、裸になって踊り出したいほどでした。病院では子宮内膜炎、卵管の異常だと言われました。

生理時の激痛、下血、子宮内膜炎、卵管異常が軍慰安所生活に因由するものとの病理的判断があるのかどうか判然としないが、全体の症状から見て軍慰安所における過剰性交が原因であると考えて間違いないだろう。その苦痛は想像するにあまりあるものがある。

朝鮮から中国へ連行され、解放後も中国に残留した河君子さんは、次のように証言している（韓国挺身隊問題対策協議会・挺身隊研究会編、山口明子訳『中国に連行された朝鮮人慰安婦』三一書房、一九九六年。以下、『証言』IIと略記）。

一緒に暮らしている間、子どもはできなかった。夫（医者）が私を診察してみると、幼い年齢でたくさんの男の相手をさせられたので、子宮が傾いてしまったのだといった。

月経の度に、死ぬほど痛かった。月経が三日続いて、何日かして、また出血した。子宮が曲って血が妨げられて出ないので、そうなるのだということだ。それで、二〇年前に子宮を全部とってしまった。その後、夫とは別々に寝るようになった。

このような身体的傷痕も後述する心的外傷を伴うものであるが、このケースでは「夫とは別々に寝る」という心的外傷をも派生・加重させている。金允心さんも、「性器がぐちゃぐちゃ」になってしまっていたので、夫に罵《のの》しられ、夫は別の女を囲ってしまったと言う（戦争犠牲者を心に刻む会編『私は「慰安婦」ではない』東方出版、一九九七年。以下、『証言』Vと略記）。身体的傷痕が生活を破壊してしまったのだ。

軍刀で切られた傷跡など、さまざまな暴力行為による傷跡を残している人がいる。中国人で輪姦を受けた万愛花さんの場合はその中でも極端なケースであろう（『証言』V）。

私はかつて一メートル六十センチの背の高い女でした。それなのに、今はこんなに低くなっています。皆さん、見てください。暴行を受け続けたために、私は骨が砕けて無くなりました。身体がすっかり変形してしまったんです。ここまで全部足です。

心的外傷とPTSD

心的外傷（トラウマ）とPTSD（心的外傷後ストレス障害）にかかわる証言は数限りない。ここではまず、桑山紀彦「中国人元『慰安婦』の心的外傷とPTSD」（『戦争責任研究』一九号）によって、心的外傷とPTSDの定義を紹介しておこう。心的外傷とは、「人間が経験する上で著しい苦痛を伴い、生きる希望を打ち砕き、大切な人間関係を崩し、二度と立ち直れないかと思うほどの出来事に遭遇してこころが傷ついたその状態をいう」。それに対しＰＴＳＤとは、「トラウマを受けた人が、時間の経過の中でそれによってストレスを感じ、精神的な苦痛を受けるものである。つまり『心的外傷』を受けた『後』に『ストレス』を感じそれが『障害』までになる状態のことを指す『病名』なのである」。

フィリピンのヘンソンさんは日本兵から二度にわたる強姦を受け、そのうえ強制連行され軍慰安婦にされた。彼女は抗日ゲリラに救出された後に続く心的状態を、次のように記している（マリア・ロサ・Ｌ・ヘンソン著、藤目ゆき訳『ある日本軍「慰安婦」の回想』岩波書店、一九九五年）。長くなるが引用しよう。

私の身を心配していた母は、熱心にこの結婚を勧めました。けれど、私には恋愛感情がわきませんでした。到底、男性を愛せる気持ちになれなかったのです。それでも、子供が欲しいという望みはありました。子供がいれば、自分が年をとったときに面倒をみてくれるでしょう。母は「愛情はゆっくり育ってゆくものよ」と私を励ましてくれました。

「イエス」と返事をする前に、私は自分が日本兵にレイプされたことを告白しました。ドミンゴは、レイプされたのは過去のことだ、と言いました。処女でないのに受け入れてくれたのです。嬉しいことでした。

母も私に、ドミンゴに過去を打ち明けるべきだ、と言っていました。

けれども私には、全部を打ち明けることはできませんでした。自分が九ヵ月間、「慰安婦」にされていたことは話さなかったのです。自分が汚れていると感じ、恥じていたのです。「いつか、いさかいでもあったとき、性奴隷であったことを彼が口に出して言うかもしれない」と不安でした。いつかそんなことを口にされたら、どんなに恥ずかしく屈辱的か。想像すると身がすくみます。彼は私の身に起こった出来事に腹を立てるかもしれません。

日本降伏後の一九四五年九月頃、ドミンゴと私は同居するようになりました。

でも私は結婚の申し込みを正式には受け入れませんでした。つまり教会で式を挙げたり、役所に届けるのは拒んだのです。彼に「貴方にはまだ他の娘と結婚する自由がある」と言いました。自分は日本人のもてあそんだ「残り物」でしかない、と感じていたからです。レイプされた自分の身はすっかり汚されてしまったと感じていたのです。（中略）

ドミンゴは私に無理にセックスの相手をさせようとはしませんでした。彼は礼儀正しく私に求めたものです。

それでもセックスをするたびに、いつも私は自分をレイプする日本兵のイメージに囚われました。それが嫌で嫌でたまりませんでした。このせいで、夫との性生活を楽しんだことは一度もありません。「愛情はゆっくり育ってゆくものよ」という母の言葉をいつも心の支えにしていました。

結婚後も私は、しばしば悪夢にうなされました。横たわる私をじろじろと見ている日本兵の夢です。夢の中でかれらは私を嘲笑い、怒鳴り、またかれらの相手をするように強要するのです。

ヘンソンさんが多岐にわたる心的外傷を背負わされていることがわかる。それについていちいち繰り返す必要はないだろう。ただ彼女の気持ちの中では、二度のレイプ事件と軍慰安所におけるレイプとが区別されていて、後者において日本人将兵に入れ替わり立ち替わり相手にされ、もてあそばされたことによって、「自分は日本人のもてあそんだ『残り物』でしかない」と意識させられ、「自分が汚れていると感じ」させられている。ここに軍慰安所とそれのもたらす心的外傷が特徴的に示されている。また、そのことが夫とのセックスに、レイプする日本兵のイメージが重なり合って障害となり、さらにレイプを夢の中で繰り返し再体験し「悪夢にうなされ」ている。そのうえ秘匿しておくことへの罪障感までもたされている。

心的外傷――フィリピンとオランダ

ヘンソンさんの示す状態や症状が、彼女一人のものでないことを示すために、煩をいとわず他の人の例を紹介しよう。フィリピンのトマサ・サリノグさんは次のように証言している（フィリピン「従軍慰安婦」補償請求裁判弁護団編『フィリピンの日本軍「慰安婦」』明石書店、一九九五年。以下、『証言』Ⅲと略記）。

若いころは何人かの男の人に好意を寄せられましたが、すべて断わりました。セックスのイメージには暴力と強かんの記憶がつきまとうからです。それは汚らしく、寒気のするものでした。交際を断った際にある男性には、「日本人を何百人も相手にするほうがいいのだろう」と侮辱され、家に投石までされました。自分の子どもはほしかったのですが、この経験のせいで結婚しないほうを選んだのです。

サリノグさんもセックスの負のイメージにさいなまれている。そして同じフィリピンのヘンソンさんと同様、「汚れ」という否定的自己評価が生きることへの障害となっている。

また植民地インドネシアに在留していて軍慰安婦にされたオランダ人のジャンヌ・オヘルネさんは、次のように証言している（国際公聴会実行委員会編『世界に問われる日本の戦後処理』東方出版、一九九三年。以下、『証言』Ⅳと略記）。

全身が恐怖で焼け焦げそうでした。それは描写できない感覚です、決して忘れない、決して消えることのない感覚です。ほぼ五〇年たった今も、圧倒的な恐怖が、頭から四肢を通り抜けて行き、身を焦がされるような感覚に襲われます。それはとても奇妙な瞬間にやってきます。悪夢の中それで目を覚まし、その後もまだ消えずにベッドで悶々と時間を過ごします。何よりもひどいのは、夫に求められる度にこの感覚がよみがえってくることです。日本人がやったことのために、私は今まで一度もセックスを楽しいと思ったことがありません。

「悪夢」、性生活の障害、ヘンソンさんと共通しているではないか。ただヘンソンさんに顕著であった「汚れ」の感覚というよりは、より直截に「恐怖」の感覚が前面に押し出されている。

心的外傷――朝鮮・中国

次に朝鮮人の元軍慰安婦の心的外傷を取り上げよう。韓国の文必璂さんは次のように話している（『証言』I）。

故郷に帰ってみると、父は既に病気で亡くなっていました。母は私を嫁がせようとやっきになりましたが、私はまったくそんな気になれませんでした。慰安婦だった私がいったい誰と結婚できるというのかという思いで、とても耐え切れませんでした。でも、母には慰安婦だったということを言えません。工場に就職して勉強もしていたと言いました。私は胸が痛んでそれ以上家にいることができず、帰郷から一年後に何も言わずに家を出ました。（中略）それからも、慰安婦だったことを誰かに知られはしまいかと怯《おび》え、あっちこっち転々としました。

慰安婦であったことを母をも含めて秘匿《ひとく》し、それを知られることを怯える日々を過ごしている。朝鮮民主主義人民共和国の金英実さんは、「私は、自分自身の過去を恥じ、結婚しないと心に決めました。その後の長い年月、私の中に深く根をおろした怨恨《えんこん》に苦しみつづけました」と証言しているが（『証言』IV）、知られることを怯える底には、自分自身を「恥」としてしまう感情があるからではなかろうか。そしてその「恥」の観念から結婚を断念・拒否している。しかし結婚を断念していても、一人の女性として、夢としては結婚への願望を強く持っている。尹頭理さんは次のように訴えている（『証言』Ⅰ）。

もう一度女に生まれ変わりたい。今のようにいい世の中で、いい両親のもとで勉強をいっぱいいして、いい人のところに嫁に行き子どもを産みたい。若い頃は肌がきれいで、「金持ちの長男の嫁さんになれる」と言われたものです。なのに結婚もできず、いったいこれはどういうことでしょう？　夜中に目が覚めて「どうして一人で寝なきゃならないんだ？　どうして一人で暮らしているんだろう？　誰が私をこんなふうにしたのか？　どうして私たちの国は奪われてしまったのか？」などと思うと眠れないんです。結婚もできず、子ども一人産めなかったので、街で子どもを連れた人を見ると「あの人には子どもがいるのに、なぜ私には……」と思い、悲しくなるのです。

怨恨の思いと孤独による不眠。そして観念の上では、軍慰安婦にされ犠牲を強いられた現実の自己と、生まれ変わった理想型の自己（あるいは慰安婦にされなかった自己）との間の矛盾の中をさまよっているのだ。

それでは、軍慰安婦に強制されたことを、なぜ「恥」と感じてしまうのだろうか。証言の口火を切った韓国の金学順さんは、「（夫に）息子がいる前で不潔な女だの、軍人の相手をしていただのと言われる時には、汚された運命を恨むばかりでした」と言っている

（『証言』Ⅰ）。また韓国の姜順愛さんは、「たった一人の弟が『慰安婦』であった私を忌み嫌い、避けようとすることに憤りを感じ」ている（『証言』Ⅳ）。李順玉さんは、「妹や弟たちのすすめで申告をしましたが、恥ずかしいです。まだ社会は私たちを蔑《さげす》んでいます。（中略）昔のことを考えると心臓がどきどきして体中がだるくなります」と訴えている（『証言』Ⅰ）。さらに中国の事例であるが、万愛花さんは、「家族も村人も、私を汚い女だといって、私を遠ざけるので、私は止むを得ずその後、村を離れて太原に移りました。私は、小さな借り家に住んで、天涯孤独の身です」と証言している（『証言』Ⅳ）。このように周囲の人々に、世間の中に、軍慰安婦であった人に対して不潔だとか汚いとかいって忌避し蔑む雰囲気、言いかえれば女性に強く「純潔」を要求する家父長制的な性規範が働いているがゆえに、元軍慰安婦の人々は自己の身を「恥じ」、「恥」を内面化させられ、沈黙を強いられてきたのである。さらに言えば、いまわしい体験を思い起こすこと自体が新たな苦痛を呼び、被害体験を抑圧させることになろう。

この項の終わりに、PTSDの症状を示しているのではないかと思われる人の証言を紹介しておこう。韓国の李相玉さんである（『証言』Ⅰ）。

当時のことを考えたり、話をすると、頭が痛くなって数日間はぐっすり眠れません。

足を伸ばして思いっきり泣いてもすっきりしません。南洋であのような経験をしたために、私は鬱病にかかってしまいました。鬱状態になると、冬でも部屋の戸を開けていないと眠れません。いきつけの病院では、神経をあまり使わないように注意されました。また、寝ている時に、右足のふくらはぎがこむらがえりになるのがつらいです。南洋で逃げる際に刀などで突かれ、血をたくさん流したためです。この頃は身体がだるく、体調がすぐれません。ミョンランという頭痛薬をパラオにいた二十代前半の頃から飲んでいたのですが、今でも一日二錠ずつは欠かせません。最近は頭痛だけでなく、息をするのも苦しくて病院に通っています。

心的外傷——望郷の思い

日本軍は敗戦時に、軍慰安婦を現地に遺棄してしまうことがあった。そのため中国や沖縄などに残留せざるを得なかった朝鮮人の軍慰安婦がいた。それらの人々は望郷の思いにかられている。これも心的外傷のひとつと言ってよいであろう。そしてPTSDの症状を呈している人もいる。まず洪愛珍さんの証言を聞こう（『証言』II）。

今は私は足をけがして思うように歩くこともできず、金がなくて病院にも行けない。でも、私が身体さえよくなって、自由に歩けるようになりさえすれば、歩いてでもすぐ朝鮮に帰りたい。

ご飯を食べるにも、朝鮮で食べなくては、たとえ、おいしいご飯を食べてもよその国中国では、いいご飯にならないし、おいしくならない。わたしはたとえ、豆と麦のご飯を食べることになるとしても、朝鮮で麦飯を食べたい。私がどうなるとしても、私は朝鮮が好きだ。だから私は朝鮮語を忘れないように努力している。多くの朝鮮人たちは、朝鮮語を忘れてしまった。私は自分で決心して、忘れまいと一生懸命になっている。

祖国への思いは切なるものがある。洪愛珍さんは朝鮮への帰国を切実に願っている。その願いは達せられるのであろうか。

李鳳和さんは、故郷恋しさに精神分裂症にかかったという（『証言』II）。

そんなに夫がやさしくしてくれたが、一九五四年には、余りにも故郷が恋しくて精神分裂症にかかった。心がめちゃくちゃに乱れると、酒を飲んだ。朝鮮の歌を歌い、踊りを踊った。やたらにおしゃべりをし、家族たちの名をよんだ。そして、座りこんでさめざめと泣いた。「アボジは家を建て、オモニは私を可愛がった……」などと勝手なことをしゃべりまくった。くにに帰りたい、もう一度くにを見ることができたら、そのまま死んでもいいといって泣いたという。

李鳳和さんは、強烈な望郷の思いから、一種の精神錯乱状態に陥ったのだろう。鄭学銖さんも、朝鮮民主主義人民共和国（北朝鮮）の映画を見て、「精神錯乱におちいり、野原に飛びだして『祖国へ帰るんだ、祖国へ帰るんだ』と泣き叫んで、意識を失った」と言う（『証言』II）。

告白・証言――ヘンソンさん

元軍慰安婦であったことを汚れ、恥と思い、また世間からもそのような目で見られているもとでは、自分の体験を容易に他人に話すことはできず、心の底に閉じ込めさせられてしまうだろう。

戦後長期にわたって心の底に封じ込めてきた体験・被害を、公然と世間に公表・告白する人が出現した。大変に勇気のある行為だ。韓国の金学順さんが、一九九一年八月、被害者であることを実名をもって名乗り出たのである。さらにフィリピンではヘンソンさんが、一九九二年九月、記者会見において公表した。これに勇気づけられて、韓国やフィリピン、さらには中国、台湾、朝鮮民主主義人民共和国、インドネシア、オランダの人々が次々と名乗り出、証言するにいたった。名乗り出、証言すること自体が自己や社会との闘いであった。

ヘンソンさんが告白・証言するにいたった過程を、『ある日本軍「慰安婦」の回想』によって追ってみよう。

彼女はラジオで、「……恥かしがらないで。性的奴隷だったのは貴方の責任ではないのです。責任は日本軍にあるのです。貴方自身の権利のために立ち上がり、闘って下さい……」と話すのを聴き、全身に衝撃を覚えた。しばらくしてまたラジオで、TFFCW（フィリピン人軍隊慰安婦問題対策委員会）が、日本軍の性奴隷にされた女性たちを探していると訴えた。彼女は、

「辛い体験を明るみに出すつもりなの？」自問しました。自分を汚らわしく感じました。「子供たちが私から離れてゆくのでは？」心が揺れ動きました。

こうして自己葛藤に泣きじゃくる彼女を見た娘のロサリオに、自分が「性奴隷」であったことを告白した。

ロサリオに、性奴隷としての汚らわしい体験をもっているこの私を母親として受け入れてくれるかどうか、尋ねました。

「母さんをとても愛しているわ。今まで以上に愛しているわ。」ロサリオは私を支持してくれたのです。そして私は決心しました。

彼女はＴＦＦＣＷに連絡をとり、自分の体験を話した。

自分の戦時中の苦しい体験を語るのは、とても難しいものです。けれども私は、自分の両肩から山のように重苦しいものをとりのけ、悲嘆にくれる心から刺《とげ》をぬきとり、長く失われていた自分の強さや自尊心が回復してくるように感じました。

さらに、

たくさんの女性たちが、私と同じように自分を恥じて口を開けず、戦時中の暗い体験を話せないでいるかもしれない。自分の役割は、性奴隷にされた他の人々のために見本として奉仕することだ、と気がついたのです。

こうして彼女は記者会見に臨み、はじめて公表したのだった。そして言う。「私が名乗り出たのはね、自分が正当に扱われたいというだけじゃないんですよ。戦争がどんなに悪いことか、若い世代に教えたい、意識をもってもらいたいから、昔の辛い体験を公にしたのです」。

彼女の名乗り出には、陰で非難したり、嘲《あざけ》ったり、冷笑する人もいた。しかし、「自分に向けられる嘲笑や侮辱に傷つきながらも、それを切り抜けられたのは、苦しい体験を分かち合ってくれた家族とＴＦＦＣＷのおかげです」。

ナヌムの家のハルモニたち（提供 ナヌムの家／日本軍慰安婦歴史館）

彼女は自らの屈辱に満ちた体験を告白し、その屈辱的体験を被害－加害の関係としてとらえかえすことによって、自尊心を、人間としての尊厳性を回復していったのである。それは心的外傷からの回復の始まりであり、否定的自己評価を肯定的自己評価へと切り替える出発であった。それを可能にしたのは、まず第一によき理解者（「性奴隷だったことは貴方の責任ではないのです。責任は日本軍にあるのです」という呼びかけ）の存在、それとの出会いである。第二に家族の支えである。両者ともに、「苦しい体験を分かち合ってくれた」。第三に同じ犠牲者、仲間への思いである。それは告白者が次々と現れてくることによって、癒《いや》しと闘いの共同体が形づくられる

姜徳景「踏みにじられた純潔」
（提供 ナヌムの家／日本軍慰安婦歴史館）

ことにつながってゆくだろうし、現に韓国ではナヌムの家にそれが体現されている。ナヌムの家は行き場のない元軍慰安婦たちが、「互いに支えあいながら暮らし」す共同生活の家であり、「ハルモニらの恨《ハン》と痛みを昇華させることのできる場」なのである。そして毎週水曜日の日本大使館前の水曜集会には欠かさず参加している（慧真著、徐勝・金京子訳『ナヌムの家のハルモニたち』人文書院、一九九八年）。

告白・証言――続く人々

金学順さんやヘンソンさんに続いて名乗り出、証言した人たちの、自尊心回復の営みについても見ておこう。

フィリピンのトマサ・サリノグさんは次のように証言している（『証言』III）。

一九九二年の終わりに、ある女性団体が、第二次世界大戦中に性奴隷制度の被害者になった私のような女性に呼びかけていると知りました。「とうとう正義が回復される」と希望の光を見た思いでした。イロイロにあるその女性団体「ガブリエラ」の事務所を通してタスク・フォース（フィリピン人元「慰安婦」のための調査委員会）と連絡を取ることにしました。お金がなかったので、毛布を売って交通費を捻出しました。タスク・フォースの人びとに自分の体験を話した後には、大きな安堵感に包まれました。長いあいだずっと、誰かわかってくれる人に戦争中の苦しい体験を全部打ち明けたかったのです。初めて受け入れられ、理解されたと感じることができました。それはまるで胸からいばらのとげを抜き去ったかのようでした。

彼女は長年にわたって胸のうちに鬱積されていた苦しい体験を理解してくれる人を、永いあいだ待ち望んでいたのだ。その機会が訪れると、「毛布を売って交通費を捻出し」て出かけた。体験を語ることで他人に受け入れられ、理解されることによって、心の解放を勝ち得たのだ。

韓国の金徳鎮さんは、「テレビで金学順さんの証言と、挺身隊に関する様々な番組を見ました。これまで、悔しく恨めしかったことを自分ひとりの胸に隠しておきましたが、それを見てからは夜も眠れないようになりました」。そこで挺対協へ申告することを親族に相談したが、反対された。しかしそれを押しきって申告した。「申告してからも一週間はよく眠れませんでした。言いたいことを言ったので恨《ハン》が半分は解かれたようです。申告した後、上の息子に話すと、息子は『そんなに苦しい過去を背負いながらよく生きてこられました。立派です』と言って号泣しました」。ただまだ悲嘆している家族もいるが、金徳鎮さんは挺対協のデモに必ず出ている。なお金さんは実名を公表してはいない（『証言』

I）。いずれにせよ、「恨が半分は解かれた」というのは印象的である。
また、文玉珠さんは次のように証言している（『証言』I）。

本当に、私は身体中、良いところはないぐらい具合が悪いのです。そして、一時は不眠症で、思うように眠ることも出来ませんでした。けれども、最近はこんなふうに私の生きてきたことを全部打ち明けてほっとしたせいか、眠れるようになりましたし、よく食べられるようにもなりました。

昨年、若い頃巻番《けんばん》で知りあった李さんのすすめで、はじめてこの事実を申告した時にも、中国の話は明らかにしませんでした。その時は、恥ずかしいことをみんな話そうかどうしようかと迷って、南方へ行った話だけしました。けれども、私の話がみんな知られてしまった今、何をかくす必要があるかと思って、思い出すまま全部話しました。今、すべてを話し終わって胸がすっとしました。

文玉珠さんは逡巡しつつも全部を打ち明けることによって、トラウマが癒されたのだ。

日本国家への告発――憎しみ

元軍慰安婦の人々が名乗り出、証言するのは、自己の恨みをはらし、また心を癒し、自尊心を回復するためだけではない。その上にたって日本政府に対し国家としての責任を告発するためである。具体的には国家としての公式な謝罪、責任者の処罰、および国家の責任における個人補償の要求である。その実現によって、心的外傷、ＰＴＳＤからの完全な回復が成し遂げられるのであろう。

日本国家への告発の根底には、ひとつには日本国家・軍隊への憎しみがある。元軍慰安婦の人々のこうむった犠牲を考えれば、それは当然の感情だろう。中国の万愛花さんは、次のように訴えている（『証言』Ⅳ）。

考えてもみて下さい。あの鬼たちには、私と同じ年頃の娘もいたでしょう。どうして、私は一五歳で、こんなに、体をぼろぼろにされてしまったのですか。私は日本軍を死ぬほど憎んでいます。日本軍があのように残虐なことをやったのも、当時の日本政府がそれを支持していたからです。日本政府には当然責任があります。

私は、日本軍に殺された数知れない中国人同胞と、私のように傷つけられた多くの被害者同胞を代表して、日本政府に対してまずその罪を認め（認罪）、私たちに公開で謝罪することを要求します。そして、私と私の家族が蒙った身体的、精神的、経済的損失に対して、しかるべき賠償をすることを強く要求します。

また、韓国の尹頭理さんは、次のように訴えている（『証言』Ⅰ）。

人の一生をこんなにめちゃくちゃにしておいて、まだ責任逃れをするとは日本はどういうつもりですか？　結婚もできないように私の一生を台無しにして、口先だけの謝罪をするとはどういうことですか？　死んで目を閉じるまで、自分がされたことを忘れることはできません。いや死んでも忘れることなどできないでしょう。

また、中国に残留せざるを得なかった朝鮮人の洪愛珍さんは、次のように日本を糾弾《きゅうだん》する（『証言』II）。

今、考えてみると、私の心に残る一番大きなかたきは日本である。日本さえなかったら、私がここに来るはずもなく、このような暮らしをするはずもなかった。つまり、日本のために、私がここにこのように残っており、恋しくなつかしい祖国にも行ってみることも出来ないのではないか。いったい金が何だから私の人生をこんなに変えてしまうことができるのか。

私は日本政府に言いたいことがある。私たちをここ中国に連れてきておいて、私たちの生血をすすっておいて、私たちを放り出したまま自分たちだけ帰ってしまった日本の政府はいったい今、何をしているのか。日本政府は果してこの事実について少しでも考えてみたのか。

私は日本政府に特に望むことはない。少しばかりのお金で解決できることではないのだから。しかし、日本政府はこの問題をもう少し徹底して、そして深刻に考えてほしいと思う。

次のような告発もある。フィリピンのオルテンシア・マルティネスさんである（『証言』III）。

日本政府には私が経験したことの真実を究明してもらいたいと強く希望します。そしてできれば、私を最初に強かんした日本兵を告発したいと思っています。

これらの発言には共通して、軍慰安婦問題に心の底から真剣に取り組もうとしない現在の日本政府への根深い不信感がある。

日本国家への告発――人間の尊厳性の回復

フィリピンのプリシラ・バルトニコさんは次のように訴えている（『証言』V）。

私が皆さんにお伝えしたいことは、戦争中の女性への暴力は人権侵害の最たるものだということです。戦争が起こるところ、必ずこのような被害が起き、奴隷の状態にされる人々が出てきます。女性は特にそうです。このようなことを無くすために、皆さんと助け合うことが出来ればと思います。正義はいつまでも求めなくてはいけません。私が失った人間としての尊厳は、今でも取り返したい。そのために努力したいと考えています。日本の政府は、元「従軍慰安婦」の女性に対し、正式で合法的な、個人的な補償をするべきです。被害者とその家族に対し正式な謝罪、お詫びではなく謝罪——アポロジィを求めます。そうすることによって戦争中汚された私の名誉をもう一度取り戻すことができます。私は「従軍慰安婦」と呼ばれていますが、決して日本兵からお金が支払われたことはありません。私たちは商売をしていたのではありません。日本政府は誠実に対応してほしいと思います。

さらにフィリピンのトマサ・サリノグさんは、次のように訴えている（『証言』Ⅲ）。

戦争被害者の生き残りの一人として私にできることは、私の経験をもって、すべての政府と国際社会に、戦争がもたらす女性への暴力についての教訓とさせることだけです。しかし日本政府が私たちに負う、その責任に向きあわない限り、この教訓も学ばれず、完全に目的を遂げることはできません。

私は日本政府がすべての性奴隷制度の被害者に対し、その法的責任を果たし、誠意ある謝罪を行い、補償するよう求めます。これが私に理解できる唯一の正義の表現です。単なる言葉では、私の経験した屈辱と苦悩を和らげることはできません。

戦争と女性に対する性暴力の不可分性が鋭くつかれている。女性に対する性暴力は最大の人権侵害であり、人間としての尊厳性の回復を望むこと切なるものがある。なお民間募金ではなく、国家による正式の補償を求める理由について、韓国の金殷禮さんは次のように述べている（『証言』V）。

ほんとうに、言葉にできない辛い体験をしてきました。それなのに今になっても日本の国は、あまりに酷いことをしていると思います。自分たちが罪を犯しておいて知らないふりをしている。さらに今は、民間からの募金の方法でこれを解決するというようなことを言っています。国が犯罪行為を行っておいて、民間募金で解決するというようなことが話になるでしょうか。

「かわいそうだ」といってめぐんでくれるお金を、絶対に受け取ることはできません。人間として生きていくには、お金よりもっと大事なものがあります。国が払う賠償を受け取って、堂々と生きていきたいと思います。

国家犯罪なのだから当然国が賠償すべきであるという論理と、その論理が貫かれることによって、単なるお金の問題ではなく、人間の尊厳性が回復される、という主張になっている。

日本国家への告発——恒久平和を求めて

日本国家への告発の締めくくりとして、再び、フィリピンのヘンソンさんにご登場願おう。

フィリピンを侵略したのは日本という国家です。軍が私たちを性奴隷にしたのも国の政策だったのです。日本政府が直接に、全面的な責任をとるべきです。国の責任で補償をしないで、どうして民間募金ですませられるのでしょう。それでは政府の責任を民間人に転嫁する責任逃れでしょう。

そして次のように結論している。

私や他のフィリピンの、そしてアジア全域の性的奴隷とされた犠牲者たちは日本軍の暴力によって身体も心も傷つけられました。日本軍のその暴力に対し、私は怒りを表明したいと思います。

日本軍の性的奴隷の生き残りとして、私は、戦争と軍国主義がいかに女性の性的奴隷化とあらゆる戦争犠牲者への暴力をもたらすか、の生き証人の一人です。戦争が二度と起こらないよう望みます。子供たちやそのまた子供たちのために。

私は第二次世界大戦において日本軍の蛮行の犠牲となった私自身やその他の戦争犠牲者のために正義を求めることを願って、名乗り出ました。でも、それだけではありません。もっと重要なこととして、私は、若い世代を教育し、戦争の邪悪さについてかれらの自覚を高め、平等な関係のための連帯をいっそう強め、とくに、フィリピンと日本の人々の間の真の、そして恒久の平和と友情を築きあげることに貢献することを念願して名乗り出たのです。

日本人としての責任

元軍慰安婦の人々のこうむった身体的傷痕、心的外傷とPTSD——それは軍慰安婦としての体験がいかに過酷で屈辱に満ちたものであったかを想像するに余りあるものである。それを想像できない人は人間的感性を失った人であろう。彼女たちは人間の尊厳性の回復を求めて、勇気を持って慰安婦であったことを名乗り出、日本国家を厳しく告発している。これは過去の問題であるのみならず、現在の問題である。私たち日本人は、こうした事態を前にどう答え、責任をとるべきなのであろうか。それについてはすでにさまざまな動きがあり、運動も展開されているが、私は本書の柱を軍慰安所・慰安婦の実態を明らかにすることにおきたいと思う。

私たちは、軍慰安婦の問題のような新たな倫理・視座を問われる問題に触発されるならば、軍慰安所の設置の経過や設置理由、また軍慰安婦の徴達や取扱いなどについて、具体的に明らかにする責任がある。そのためには、文書、口述資料、記録類によって、それに史料批判を加えながら、研ぎ澄まされた歴史方法論をもって、事実と、事実相互の関連を客観的に確かめ、真実を明らかにし、軍慰安所・慰安婦像を築き上げなければならない。ひとつの事実を確かめるために、資料の意味理解をめぐって格闘し、しのぎ合わなければならない。そこに確固たる思想が構築されることになろう。そのような基礎作業を抜きにした軍慰安婦論は、宙に浮いたものになろう。

事実、真実を確かめる作業は、すでに多くの人々によって進められているが、私もその戦列に加わりたいと思う。

本書のなりたち

私は中学校歴史、高校日本史の教科書の執筆陣に加わっている。いずれも日本書籍版である。一九九七年版の中学校教科書改定作業を進める中で、私の発議で従軍慰安婦の問題を本文に書き加えることにした。担当者によって、「女性を慰安婦として従軍させ、ひどいあつかいをした」と書かれた。検定結果が公表されると、他社本もいっせいに従軍慰安婦について叙述していた。これに対し東京大学教授藤岡信勝氏らが、慰安婦は民間人の業者が連れ歩いていた単なる売春婦であり、それを教科書に載せるのは反日史観、自虐史観に毒されているものであると言って、猛然と攻撃を仕掛け、教科書からその部分を削除するよう要求し、運動をした。藤岡氏らの言説は国家主義的見地からの罵詈讒謗《ばりざんぼう》で、学問的検討の対象になり得るものではない。しかし私は門外漢ながら（私の専門は日本近世史と部落問題論）、いわゆる従軍慰安婦の問題について自分の眼で直接資料に当たり、その本質を確かめたいという衝動にかられた。そしてその成果を講義に生かしたいとも思い、一九九七年度に担当した一般教養の「日本史」で一〇時限をかけて講義をした。

この講義をもとに、あらためて資料（文書・手記・証言）を洗い直し、軍慰安所・慰安婦に関する事実の関連を、できる限り立体的にえがき出そうと試みたのが本書である。門外漢である私があえてこのような無謀な試みをしたのは、教科書執筆者としての社会的責任を果たしたいと考えたからである。本書は資料的には、吉見義明氏や林博史氏らの歴史研究者の収集した資料、韓国挺身隊問題対策協議会・挺身隊研究会による聞き取り、戦争犠牲者を心に刻む会や国際公聴会実行委員会の開催した会合における証言、フィリピン「従軍慰安婦」補償請求裁判弁護団による証言記録、ヘンソンさんの回想記（藤目ゆき氏の訳業）、また千田夏光・川田文子・西野留美子氏らによる聞き取りに依拠している。これらの方々のなみなみならぬ労苦に思いを馳《は》せる時、こうした形で一書をなすことに内心忸怩《じく》たるものがあるが、門外漢の者が全体像をとらえるひとつの試みとして、お許しをこいたいと思う。
なお引用資料のカタカナはひらがなに改め、適当に句読点を付した。

軍部による慰安所の組織的設置

設置の経過

第一次上海事変

一九三一年（昭和六）九月一八日、関東軍参謀の板垣征四郎大佐、石原莞爾中佐らは奉天郊外の柳条湖《りゅうじょうこ》で満鉄の線路を謀略的に爆破し、奇襲によって満鉄沿線の都市を武力制圧した。内閣は不拡大方針を決定したが、関東軍は既成事実を口実に戦線を拡大し、四ヵ月半後には「満州」全土を占領した。翌一九三二年一月、軍部は列国の目を「満州」の「独立」工作からそらすために、上海事変《しゃんはいじへん》を起こした。上海沿岸に巡洋艦等を増派していた海軍は、謀略事件を契機に中国軍と衝突したが、中国軍の激しい抵抗によって陸戦隊は苦戦をきわめた。陸軍も増援部隊を送ったが、日本軍の撤退を決めた停戦協定が五月五日成立した。

在上海領事館警察署沿革誌によれば、「昭和七年上海事変勃発と共に我が軍隊の当地駐《ちゅう》屯《とん》増員に依《よ》り、此等《これら》兵士の慰安機関の一助として海軍慰安所（事実上の貸席）を設置し、現在に至りたり」と記されている（吉見義明編集・解説『従軍慰安婦資料集』34、大月書店、一九九二年。以下、『資料集』と略記）。第一次上海事変に際して、上海に「海軍慰安所」が設置されたのである。「現在に至りたり」というのは、一九三八年現在においても存続しているということであって、一九三六年の上海領事館文書には、「七軒は海軍下士兵を専門として絶対に地方客に接せしめず、且《かつ》酌婦の健康診断も陸戦隊員及《および》当館警察官吏立会の上毎週二回専門医をして施行しあるの外、慰安所に対しては海軍側とも協調取締を厳にし、且新規開業を許さざることとせり」とある（『資料集』2）。「地方客」とは民間人のことであり、また「健康診断」は軍慰安婦に対する検黴《けんばい》、すなわち性病検査である。

一方、陸軍も海軍にならって軍慰安所を設置した。上海派遣軍高級参謀の岡部直三郎大佐は、一九三二年三月一四日、日記に次のように記した（『岡部直三郎大将の日記』芙蓉書房、一九八二年）。

この頃、兵が女捜しに方々をうろつき、いかがわしき話を聞くこと多し。これは、軍が平時状態になるたけ避け難きことであるので、寧《むし》ろ積極的に施設をなすを可と認め、兵の性問題解決策に関し種々配慮し、その実現に着手する。主として、永見中佐これを引き受ける。

「いかがわしき話」とは、強姦《ごうかん》のことであろう。また、岡村寧次大将も、「昭和七年の上海事変のとき二、三の強姦罪が発生したので、派遣軍参謀副長であった私は、同地海軍に倣《なら》い、長崎県知事に要請して慰安婦団を招き」と記している（稲葉正夫編『岡村寧次大将資料　戦場回想編』原書房、一九七〇年）。戦時強姦と軍慰安所設置との関係は後述するが、ここでは陸軍においても軍慰安所設置を派遣軍高級参謀が企図・指示していること、さらに軍慰安婦を県知事を介して呼び寄せていることを確認しておかなければならない。

日中全面戦争の開始

一九三七年（昭和一二）七月七日、北京郊外で起きた盧溝橋《ろこうきょう》事件をきっかけに、日中両国軍間の全面戦争へと発展していった。日本軍の宣戦布告なき侵略戦争であった。事件が起きた時、陸軍は拡大論と不拡大論とに分裂していたが、近衛内閣は華北派兵を決定し、現地軍は北京・天津両地区を占領した。日本軍はさらに上海にも侵攻し、八月一五日、近衛内閣は「帝国としては最早《もはや》隠忍其《そ》の限度に達し、支那軍の暴戻《ぼうれい》を膺懲《ようちょう》し以《もっ》て南京政府の反省を促す為《ため》、今や断乎《だんこ》たる措置をとるの已《や》むなきに至れり」との政府声明を発表し、全面戦争の開始を宣言した。三ヵ月に及ぶ激戦の上海戦は、一一月一一日に日本軍が上海全域を掃討することによって終結した。さらに日本軍は中国政府の所在する南京への侵攻を進め、一二月一三日南京を占領した。上海から南京への進撃過程で、多数の中国兵や農民を死傷させ、南京戦区においても虐殺・略奪・放火の限りを尽くし、南京を占領した後も、老若男女の敗残兵や市民を虐殺し、強姦・輪姦、略奪をほしいままにした。南京大虐殺事件として知られているところである(笠原十九司『南京事件』岩波新書、一九九七年、など)。

軍慰安所の本格的設置

この占領した上海・南京に軍慰安所が設置された。在上海警察署沿革誌による「昭和十三年中に於ける在留邦人の特種婦女の状況及《およびそ》其の取締並《ならび》に租界当局の私娼《ししょう》取締状況」には、次のように記されている(『資料集』34)。

然《しか》るに本業者も今次事変勃発と共《とも》に一時内地に避難したるが、客年《かくねん》十一月頃には常態に復し、其後《そのご》在留邦人の激増と共に滬月《こげつ》、末広の貸席を増し、十二月末日現在事実上の貸席十一軒(内海軍慰安所七軒を含む)抱《かかえ》酌婦《しゃくふ》百九十一名(内地人百七十一名朝鮮人二十名)となり、前年に比し七十三名の増員となれり、而《しか》して一般貸席四軒は殆《ほとん》ど居留邦人を顧客とし、他の海軍慰安所七軒は海軍下士官兵を専門に絶対地方客に接せしめず、且《かつ》酌婦の健康診断も陸戦隊及《および》当館警察官吏立会の上毎週一回専門医をして実施せしめ居るものなり、尚其《なおそ》の他当館管内に陸軍慰安所臨時酌婦三百名あり。

（滬月は上海のこと）

これは上海侵攻戦から一年以上を経過した状況であるが、上海に「海軍慰安所」七軒、「陸軍慰安所」の「酌婦」（すなわち軍慰安婦）三〇〇人が存在していたことがわかる。「陸軍慰安所」が「海軍慰安所」を大きく上回っていたことは明らかであるが、いずれにせよ短期間のうちに猛烈な勢いで陸軍の慰安所が設置されたのである。なお領事館は、「陸軍慰安所」の実態をよく把握できないでいたと考えられる。

それでは日中戦争下、上海に、いつごろから、どのようにして「陸軍慰安所」が設けられたのであろうか。大林清『玉の井挽歌』（青蛙書房、一九八三年）には、次のような話が載せられている。要約して紹介しよう。一九三七年一一月、玉ノ井の銘酒屋組合長（銘酒屋は娼戸、私娼街を形成）のもとに、一通の電報が陸軍省よりもたらされた。

キタルニ〇ヒゴゼン一〇ジリクグンショウマデシュットウセラレタシ

恐る恐る出向いてみると、亀戸その他の遊里のものも出頭していた。そこで陸軍少佐は次のように口を切った。

戦線の将兵ですが、いくさが長引けばいろいろと不自由なことが出て来る。特に若い血気の兵隊にとっては、性欲のハケ口をどうするかということが大きな問題です。これを適当に処置しないと士気にも影響して来る。こういうことは専門家の皆さんの方がよく知っておられるが……。

そこで皆さんにお願いだが、軍の慰安のために接待婦を至急集めて戦地へ渡ってもらいたい。つまり、軍に代わって慰安施設を開いてもらいたいということです。何ぶん戦線は広汎にわたるので、内地はもとより台湾・朝鮮からも自主的に或いは軍の要請で、すでに多くの娘子軍《じょうしぐん》が大陸へ渡っているが、本日お集まり願った玉の井・亀戸地区の皆さんにも、是非ご協力を願いたい。派遣地域はとりあえず上海を起点とする中支方面、住居は軍で準備するし、食事の給与その他移動に関しては、すべて軍要員に準じてこれを行います。要するに業者の皆さんが自主的にこれを経営するという形を取りたいのです。まさか軍が女郎屋を経営する訳にはいかんのでね。

玉の井からは組合長の国井が行くことになったが、開設場所は上海が指定されていた。これと符合するような話を、千田夏光氏も聴取している（『従軍慰安婦』双葉社、一九七三年、後に講談社文庫）。それによれば、上海で軍に寄生する「一種の便利屋」であった田口営造（仮名）は、一九三七年暮れに慰安婦を集めてくるよう命じられ、軍用船に乗って日本に帰った。これは軍事機密ということであったが、北九州の私娼窟《ししょうくつ》で他の者の協力も得て一〇〇人を超える娼婦を集め、軍輸送船で中国に渡った。女を集めるのには、軍の指示で前借金一〇〇〇円を渡した。

この二つの話を合わせれば、一九三七年一〇月頃、陸軍は上海等に慰安所を設営することを企図し、陸軍省が日本内地の私娼窟に命じて、あるいは現地軍が日本内地に女衒《ぜげん》（周旋人）を派遣して、日本人娼婦を軍慰安婦として上海に渡航させたのである。台湾人や朝鮮人も渡航させられた。こうして、まず上海に「陸軍慰安所」がつくられたのである。

上海における「陸軍慰安所」の開設については、九大医学部を卒業した産婦人科医で、一九三七年一一月に応召され、陸軍衛生部見習士官として上海の兵站《へいたん》病院勤務を命じられた麻生徹男の証言がある（麻生徹男『上海より上海へ』石風社、一九九三年）。外科病棟に勤務し、日夜戦傷患者の治療に忙殺されていた麻生のもとに、一九三八年「はじめごろ」、軍特務部より呼び出しがあり、次のように命じられた。

麻生軍医は近く開設せらるる陸軍娯楽所の為《ため》目下、其《そ》の美路沙涇小学校に待機中の婦女子百余名の身体検査を行う可《べ》し、

「ただちに私たち一行、軍医、兵隊それに福民病院の看護婦二名を加えた十一名にて出かけた。これが『日支事変』以後『大東亜戦』を通じて、兵站司令部の仕事として慰安所管理の嚆矢《こうし》となった」と麻生は評価している。それはともかく、上海に、一九三八年初めに「陸軍慰安所」が開設されたことは間違いない。

次に、南京の軍慰安所の設置の経過を見ておこう。上海派遣軍参謀長の飯沼守陸軍少将は、南京作戦中の一九三七年一二月一一日の日記に（『南京戦史資料集』偕行社、一九八九年）、「慰安施設の件方面軍より書類来り実施を取計《とりはから》ふ」と記している。また、上海派遣軍参謀副長の上村利道大佐は、一二月二八日の日記に（同右）、「南京慰安所の開設に就て第二課案を審議す」と記している。一二月には、南京でも中支那方面軍の指示により、軍慰安所設置の計画が練られていたのである。そして、一九三八年四月一六日の南京における陸海外三省関係者合同決定事項には（『資料集』32）、「陸海軍に専属する酒保及《および》慰安所は陸海軍の直接経営監督するもの」とあり、南京にも軍慰安所が設置されるにいたったのである。

南京の軍慰安所設置について吉見義明氏は、その論稿「軍慰安婦制度の指揮命令系統」（吉見義明・林博史編著『共同研究・日本軍慰安婦』大月書店、一九九五年）において、次のように指摘している。「一九三七年一二月、中支那方面軍（司令官松井石根《いわね》大将・参謀長塚田攻《おさむ》少将）は軍慰安所設置の指示を出し、これを受けた上海派遣軍では、参謀第二課（後方担当）が案をつくり、参謀の長勇中佐に南京での軍慰安所設置を依頼している。松井石根軍司令官は、同年一二月におこった南京大虐殺の責任を問われて、戦後に東京で開かれた極東国際軍事裁判で死刑判決を受けているが、この法理にしたがえば、軍慰安婦問題でも、軍司令官松井大将にも重大な責任があることになるであろう」。

ただしこれまで述べてきた経過から明らかなように、大量の強姦を含む南京大虐殺事件が軍慰安所の本格的設置の契機となったのではなく、上海侵攻戦において早くも軍慰安所の本格的設置の準備が進められていたのである。

軍慰安所の体制整備

上海から南京へいたる中間地点の常州にも日本軍が駐屯し、軍慰安所がつくられた。一九三八年一月二〇日付の独立攻城重砲兵第二大隊長の「状況報告」には（『資料集』39）、「慰安設備は兵站の経営するもの及《およぴ》軍直部隊の経営するもの二ケ所ありて、定日に幹部引率の許に概《おおむ》ね一隊約一時間の配当なり、衛生上の検査の為《た》め軍医をして予《あらかじ》め立会点検せしめつゝあり」とある。この独立攻城重砲兵第二大隊第二中隊の、一九三八年二月から三月にいたる「陣中日誌」が残されているが

（『資料集』40）、これによって軍慰安所の体制が整えられていく過程が知られる。

二月一日に、「娯楽所の日割決定次第示す。行くときは必す外出証携行のこと。予防薬星秘膏を支給するも絶対的に非さるを以て注意すへし」と示した。軍慰安所は部隊の外部にあり、それゆえ「外出証携行」が義務づけられている。星秘膏は性病の予防薬であるが、まだこの時期にはサックは支給されていなかったようである。二月二四日には軍慰安所の使用時間が変更され（したがってこれ以前に使用時間が決まっていたことになる）、下士官は午前一〇時から一一時まで、兵は午後三時から四時までとされた。短時間なのが特徴であるが、軍慰安婦の数がまだ揃っていなかったのか、あるいは幹部の側に軍慰安所利用に抑制傾向があったのか、いずれかであろう。また三月三日には、「外出証を所持せすして慰安所に行く者あり、又《また》割当の日ならさるに行く者あり」と注意を促している。これ以前に部隊ごとの割当日が定められていたのであろう。また、「慰安所規定中必要なる事項及《および》注意を左に示す」として、次の諸点が列記されている。

1、下士官、兵の入口は南側東門とす

2、単価

支那人一円、朝鮮人一円五十銭、日本人二円、

3、金は必す支払ふこと
4、時間は概《おおむ》ね一時間以内
5、防毒に注意すること
6、飲酒者の出入を禁す

軍慰安所の規定がかなり整備されてきたことがうかがえる。また、早くから日本人のみならず、中国人、朝鮮人も軍慰安婦にされていることが知られ、さらに注目されるのは、日本人―朝鮮人―中国人と差別的に序列づけられていることである。

軍慰安所の規定が整備されてきたとはいえ、それが遵守《じゅんしゅ》されてはいない。三月一一日には、「下士官にして慰安所に夜行く者あり、昨日憲兵隊にて確証を得たりと」とある。夜間の利用は将校に限られていたのである。また、「他部隊の割当日に行く者あり」とか、「慰安所に於ける行動を慎むへし」という記述があり、兵や下士官の中には上から与えられた軍律を無視する者もいた。また軍幹部は将兵の性行動を軍慰安所の内部に封じこめようとしたわけであるが、三月一六日の記述には、「城内外にて婦女子に暴行を加へんとせし者あり」「濫《みだ》りに民家に立入り婦女子を探す者あり」とあり、慰安所設置にもかかわらず強姦はやまなかったのである。なおこの日、軍慰安所については、公休日を毎月一五日と定めている。

戦線の拡大と軍慰安所設置

一九三八年（昭和一三）五月、日本軍は天津と南京をつなぐ要地である徐州を攻略した。引き続き漢口《かんこう》を攻略して蒋介石政権をさらに奥地に駆逐し、また広東を攻略して蒋政権への補給路を遮断する作戦をたて、大兵力を動員して一〇月に漢口を占領した。また同じ一〇月に広東《かんとん》を占領した。しかし蒋介石総統は、「全面的抵抗を展開する」と宣言し、屈することはなかった。ここで日本軍の軍事動員は限界に達して中国戦線は膠着《こうちゃく》状態におちいり、逆に紅軍《こうぐん》を中心とする抗日遊撃戦に悩まされ、長期消耗戦を強いられることになった。対中国戦は長期泥沼状態に入っていったのである。

漢口を占領すると、ここにもただちに軍慰安所が設置された。一九三八年九月二八日付、在上海総領事代理が外務大臣宇垣一成宛に送付した「漢口攻略後邦人進出に対する応急処理要項」には（『資料集』10）、「（漢口）居留民以外の進出は、復帰希望居留民の輸送に余裕を生したる後に於て、進出後速かに営業を開始し得るものより優先的に之《これ》を認む、但《ただし》軍隊慰安所開設の為《ため》進出するものは此の限にあらす」と、領事館が「軍隊慰安所開設」の関係者の漢口進出を優先的、特権的に認めている。軍の強い要請があったからであろう。

そして一九三八年一二月末の調査では（『資料集』38）、「料理店、慰安所」（業者であろう）が漢口に一六人、武昌《ぶしょう》に四五人、「芸妓《げいぎ》、酌婦《しゃくふ》」が漢口に二〇〇人、武昌に二九二人いた。これらのうちには軍慰安所の民間業者、軍慰安婦が含まれていたであろう。また、「漢陽《かんよう》には軍慰安所関係者十三名滞在」とされている。占領後、軍慰安所が急速に設置されていった様相がうかがえる。さらに、一九三九年二月には、漢口に「軍慰安所二〇軒（右は兵站、憲兵隊、当館か許可したる軒数にして未開業のものもあり）」があった（『資料集』11）。なおこれら軍慰安所開設にあたっては、在漢口の部隊が独自に軍慰安婦の派遣を内地に要請する場合があった。一九三九年一二月二三日付の野村外務大臣から花輪漢口総領事へあてた電信文には、「在漢口香川県天野《アマヤ》部隊に於ては、軍慰安所開設のため婦女五十名を募集し居る趣《おもむき》を以《もっ》て、右引率渡支《とし》許可方同県庁に願出たる者あり、同県関係軍側よりも之《これ》か斡旋方申入ありたるに付、事情已《や》むを得すと認め内諾を与へ置たる旨、内務省より通報越《こし》たる」とある。この天野部隊の郷里からの招致は、「軍に対し正式手続を踏み居らさる」ものであって、また領事館も連絡を受けていないものであった（『資料集』12）。このことから解すれば、内地からの軍慰安婦の招致《しょうち》は軍司令部の許可を得て行うのが原則であった。

また、一九三八年一二月一〇日付の「第二軍状況概要」によれば（『資料集』43）、漢口・漢陽において、「外出は警備第一主義に基《もとづ》き当分の間引率外出、慰安所出入の為《ため》の外出以外之《これ》を認めす、慰安所は十一月二十五日より之を開設し切符制度により混雑を防止し、以《もっ》て皇軍の面目を維持することに努めつつありて、概《おおむ》ね所期の目的を達しあるものと信す」としている。占領初期においては外出を禁じつつも、軍慰安所のみは例外としており、いかに軍慰安所が重視されていたかがわかる。「混雑を防止」という点から、その盛況さもうかがわれる。

日本軍駐屯地に慰安所あり

以上見てきた上海、常州、南京、漢口（武昌、漢陽を含む）のほかに、一九三八年に設置が資料的に確認できるのは、上海南方の杭州（男四人―経営者であろう）、南京近くの鎮江（八軒）・揚州（一軒）・丹陽（一軒）、武漢南東の九江（内地人が一五戸・一〇七人、朝鮮人が九戸・一四三人。在留邦人についての調査なので、他に中国人がいる可能性がある。ほかに、「全人口の四〇％を占むる所謂《いわゆる》特種婦人の如きは、軍の命令に依り移動し居れる状態なる」と記した文書がある）、それに厦門《あもい》（「海軍慰安所」女四人、「慰安所従業婦」一三人）がある。

広東については、翌一九三九年四月の「戦時旬報」によって知られるが（『資料集』44）、それにはまず、「慰安所は所管警備隊長及《および》憲兵隊監督の下に警備地区内将校以下の為開業せしめあり」と、軍慰安所が警備隊長と憲兵隊の監督のもとにあることが明記されている。そして、「現在従業婦女の数は概ね千名内外にして、軍に於て統制せるもの約八五〇名、各部隊郷土より呼びたるもの約一五〇名と推定す」とあり、この約八五〇名についてそれぞれの所属部隊・場所ごとの区分が示されている。場所によってみれば、市内が一五九名、広東市東部が二二三名、広東市北部が一二九名、河南が一二二名、仏山が四一名、海口が一八〇名となっている。さらに、「右以外三水、九江、官窑、増城、石竜等にも設置されあるも、極めて少数にして詳細不明なり」とされており、憲兵隊の掌握していないものもあったのである。

また広東については、一九三九年四月、広東に駐留していた第二一軍の松村軍医部長が次のような報告を行っている。

性病予防等のため兵一〇〇人につき一名の割合で慰安隊を輸入す。一、四〇〇－一、六〇〇名。治療は博愛病院にて行いその費用は楼主これを負担す。検黴は週二回。

これは金原節三「陸軍省業務日誌摘録」に記録されていたもので（吉見義明「陸軍中央と『従軍慰安婦』政策」『戦争責任研究』創刊号）、陸軍軍医金原節三が「陸軍省局長会報・同課長会報・医務局会報などの模様を他に例がないほど克明に筆記した貴重な記録であ

る」（同右）。引用資料に戻れば、兵一〇〇人に軍慰安婦一人という基準値にもとづいて、
広東では一四〇〇～一六〇〇名の軍慰安婦を「輸入」する必要があるとするものなのであ
ろう。
このように見てくると、日本軍の駐屯するところ軍慰安所あり、と言っても過言ではな
い。いつの時点のことであるか定かでないが、軍慰安所が次のような仕方で作られること
もあった。宮谷重雄「わが戦記恥さらし」（一九八五年）では次のように回想されている
（林博史構成「戦争体験記・部隊史にみる『従軍慰安婦』」『戦争責任研究』第五号）。宮谷は経
理部の経営科に所属して、大学の建築科を出ているということで、野戦倉庫のパン釜を作
らされたり、作戦が近いというので、野戦での仮小屋作りの演習をさせられたりしていた
のであるが、ある時経理部長に呼ばれた。

「見習士官、将校用の慰安所を作ってくれ」

私は驚いた、慰安所と言う言葉も耳なれないし、だいたい見当はついたが、これら（ママ）
はエライコトになったと正直思った。学校の時、勿論《もちろん》待合設計などしたことはない。
しかし、命令であるので、やむを得ず学生時代の悪所通いの経験などを下《もと》にして、な
んとか十数部屋の日本間をデッチ上げたのである。経理部長には「良くやった」と誉

められたが、何をかくそう、この業績が後々まで尾を引こうとは、神なら身（ママ）、気が付くのが遅過ぎたのである。

やがて洛陽《らくよう》作戦が始まった。月余で洛陽が陥落してホッとしていると、数日後、師団の後方参謀が直接呼びに来たので、何事ならんと出頭すると、

「宮谷少尉は、至急民家を改装して兵隊用の慰安所を作れ。ついでに洛陽で女も集めて来い」という命令である。もうこれは、メチャクチャである。大学を出て、なんの因果でピー屋造りをさせられるのか、その上女衒《ぜげん》まがいの女集めまでさせられたのである。何とも情ない思いであったが、命令である。

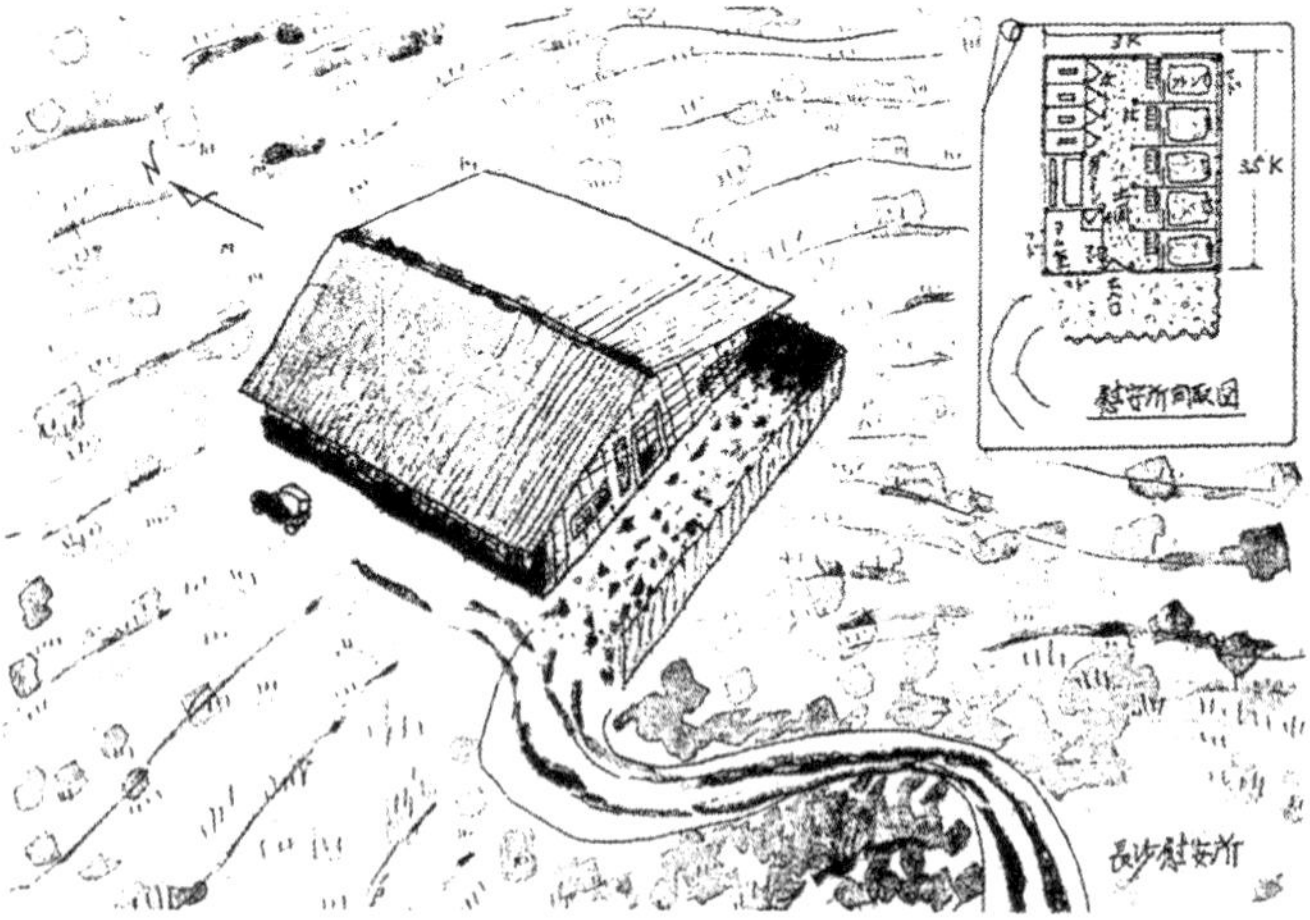

長沙慰安所のスケッチ（細川忠矩『戦場道中記』1992年）

同行していた大工上がりの軍属に慰安所造りの指示を与え、塩を二、三俵トラックに積んで、洛陽市内に女狩りに赴《おもむ》いたのである。どうもこの作命は、後で聞いたところによると、包頭《ほうとう》での慰安所造りの成功が効いたそうである。

ともかく、洛陽をトラックでグルグル回り、私のカンも良かったのか、二、三軒で十数人の女集めに成功して、部隊に連れてくることができたのである。

文中のピー屋とは慰安所のことで、朝鮮人慰安婦は「朝鮮ピー」、中国人慰安婦は「満ピー」「支那ピー」、日本人慰安婦は「日本ピー」などと呼ばれた。「ピー」は中国語の女性性器を表す言葉からきたと言われている。ここ洛陽では、駐屯軍が直接に中国人住民（貧家の女性であろう）を、「塩」を餌に狩り集めているのである。

なお一九三九年には南昌攻略戦が行われるが、連隊本部は、「現在の特殊慰安所は慰安婦少なく只《ただ》情欲を満《みた》すにすぎす、今少し慰安婦を増し精神的慰安をもなさしむるが如《ごと》く指導せられ度《たし》」という意見を出している（『資料集』46）。軍慰安婦の増派要求である。

また、これらの都市のみならず、日本軍の前線駐屯地の各所にも軍慰安所が作られ、中国人や朝鮮人が拘置されていた（「新中国における日本人戦犯の供述書」『世界』一九九八年五月）。その数はかなり多かったと考えられる。

このような日本軍駐屯地に慰安所ありといえるような状態がつくりだされる前史として、次のような事実があったことを確認しておいてよい（藤目ゆき『性の歴史学』不二出版、一九九八年）。

日清・日露戦争期から日本内外の軍隊買春は拡大し、軍隊の駐屯するところ買春のないところはないくらいであった。軍事拠点周辺には、ほとんど軍隊専用というべき遊廓が登場している。

アジア太平洋戦争のもとで

一九四一年（昭和一六）一二月八日、対米英蘭戦が始まると、日本軍は緒戦の先制攻撃で優位に立った。マラヤを占領し、シンガポールなどでイギリス軍を降伏させ、フィリピンではアメリカ軍の抵抗にあい苦戦したが占領した。さらに、ジャワ、ボルネオ、ミンダナオを攻略し、ビルマを占領した。こうして日本軍は東南アジアから南太平洋にいたる広大な地域を制圧した。一方、中国は陸軍にとって主戦場でありつづけたが、泥沼状態が続いていた。太平洋戦線においては、一九四二年六月のミッドウェー海戦での日本海軍の敗北によって戦局は転換し、戦局の指導権はアメリカ軍に奪われることになった。日本軍は各戦線で壊滅的な打撃を受け、一九四五年の沖縄戦では住民を巻きこむ悲劇的な戦いとなった。

中国において日本軍の駐屯するところ軍慰安所ありという状態をつくりだしていた日本軍は、占領した東南アジア諸国や南太平洋地域にも軍慰安所をつくっていくが、驚くべきは開戦以前に現地を調査し、軍慰安所の設置を計画していることである。金原節三「陸軍省業務日誌摘録」の一九四一年七月二六日の項に、「深田軍医少佐蘭印衛生状況視察報告」があり、それには「蘭印作戦に伴う衛生上の着眼点」として、次のことが書かれている。

現住土人は愛撫し誠実をもってわが方に信頼感を抱かしむる様言動に留意する要あり。多く回教徒にて一夫多妻の点もあるも貞操感も強し。かりそめにも強姦等を行い日本軍紀に不信を抱くことのなき様厳重注意の要あり。一方原住民は生活難のため売淫するもの多し。しかしバンドンその他性病多きをもって村長に割当て厳重なる検黴の下に慰安所を設くる要あり。

こうした周到なる予備調査のうえで、香港、仏領インドシナ、マレー、シンガポール、インドネシア、フィリピン、ビルマ、またサイパンなど太平洋諸島に、占領に前後して軍慰安所をつくり、さらに朝鮮の釜山、日本の小笠原諸島、新島、沖縄諸島、日本本土の千葉県茂原や木更津（西野留美子「日本国内の慰安所」『共同研究・日本軍慰安婦』）、大分県中津、宮崎にもつくった。これらの軍慰安所では、日本人、朝鮮人、台湾人、現地人が軍慰安婦として使役された。

日本陸軍は真珠湾攻撃の一時間前にマレー半島に奇襲上陸し、翌年二月一五日にはマレー半島全域を占領した。マラッカに駐屯していた歩兵第一一連隊第一大隊砲小隊は、三月二〇日に、「慰安所に於ける規定を別紙（省略）の通り定む。追而《おって》『マラッカ』警備並《ならびに》駐屯規定中第五章第一八項は之《これ》を削除し、慰安所使用配当日に依《よ》り休務すべし（大隊砲小隊慰安所使用配当日毎週金曜日とす）」との大隊命令を下している（『資料集』75）。「第一大隊がマラッカに来たのは二月二六日なので、一か月もしないうちに慰安所が開設されていたことがわかる」（林博史「マレー半島における日本軍慰安所について」『関東学院大学経済学部一般教育論集　自然・人間・社会』第一五号）。また、クワラピラーに駐屯していた歩兵第一一連隊第七中隊は、四月三日、「本日より慰安所開設せるを以《もっ》て午後一般に休養せしむ」としている（『資料集』77）。

次いで日本軍は、一九四二年（昭和一七）二月八日シンガポール島に上陸し、一五日には英軍が降伏した。その直後に中国系住民数万人を虐殺した。この虐殺が一段落した三月五日付の中国語新聞『昭南日報』に、「征求接待婦」という次のような広告が出された。

各民族（各籍）の接待婦数百名を募集する。年齢一七歳から二八歳ごろまでの者は皆応募してよい。採用された者は、毎月の報酬少なくとも一五〇ドル（毎月休息一日）。このほか応募の時に本人に三ドル、その紹介者には二ドルを与える。応募受付はビーチ・ロードのラッフルズホテルに設ける。娼婦（暗業）の経験者も応募してよい。

広告主の名は記されていないが、応募先のラッフルズホテルは軍兵站《へいたん》が管理する将校用ホテルであったので、日本軍のものと考えてよい。「接待婦」は軍慰安婦のことであろう（以上、シンガポールについては、林博史「シンガポールの日本軍慰安所」『戦争責任研究』四号による）。

一方、沖縄について見ておけば、沖縄に大部隊が増強されるのは一九四四年（昭和一九）の八月・九月にいたってであるが、それ以前には本島と伊江島に飛行場が整備されているぐらいであった。この飛行場の建設・防衛と関連して、四四年三月二二日、第三二軍が新設された（山田朗「沖縄戦の軍事史的意義」、藤原彰編著『沖縄戦と天皇制』立風書房、一九八七年）。すると伊江島において五・六月に、「建築中隊長は所要の人員を以《もっ》て、可成《なるべく》速《すみやか》に仮慰安所の設備を実施すべし」というように、軍慰安所が「急造」された（『資料集』87）。そして大部隊が増強されると、本島や諸島の各所に軍慰安所が急速につくられていった。この軍慰安所設置には民家が転用されるものが多かった。それとも関連していようが、住民は軍慰安所設置に強い忌避感情を示した。「石兵団会報」の九月二一日の項には、「他兵団方面にては国民学校児童がのぞき見、風教上不可なるものあり、のぞけざる如《ごと》く施設せられ度《たし》」とか、「風教上妓女をして附近を猥《みだ》りに散策せしめざる如く村民より申出あり、場所によりては注意せられ度」という記述が見られる。また、一二月二一日の項には、「国場附近の地方人は慰安所の設置を嫌ひありて、種々苦情を申込みあり、其《そ》の他に於ても好感情を持ちあらざるを以《もっ》て、新たに設置する場合は村長其の他と良く折衝の上、いざこざを起さざる如く注意せられ度」と記されている（『資料集』92）。なお沖縄の軍慰安婦は、朝鮮人と沖縄女性が多かった。沖縄女性は芸妓でもあった辻遊廓のジュリが、やむなく軍慰安婦にされたものであった（川田文子「沖縄の慰安所」『共同研究・日本軍慰安婦』）。

軍部による組織的設置

陸海軍省が公認・推進

右に見た軍慰安所の設置経過からしても、慰安所は軍部が主導性をもって組織的に設置したものであり、軍が単に「関与」していたというにとどまるものでないことは明らかであろう。蛇足ながら付け加えれば、売春婦を伴ってくる民間業者に軍が便宜をはかるべく慰安所を設置したのではなく、日本軍は軍慰安婦を招致《しょうち》・利用するために軍慰安所を積極的に設置したのである。

そこで軍が単に「関与」していたという以上のものであることを、軍中央の動向の中で確証したい。一九三八年三月四日付の陸軍省兵務局兵務課起案の「軍慰安所従業婦等募集に関する件」なる文書がある（『資料集』6）。ちなみにこの文書は吉見義明氏が防衛庁防衛研究所図書館で発見し、『朝日新聞』で公表したために、政府が軍の「関与」を認めざるを得なくなったいわくつきの文書である。この文書は、「支那事変地に於ける慰安所設置の為《ため》、内地に於《おい》て之《これ》か従業婦等を募集するに当り」、「従業婦」の募集に適切さを欠き社会問題にもなっているので、「将来是等《これら》の募集に当りては派遣軍に於て統制し、之に任する人物の選定を周到適切にし、其《その》実施に当りては関係地方の憲兵及《および》警察当局との連携を密にし、以《もっ》て軍の威信保持上並《ならび》に社会問題上遺漏なき様配慮相成度依命通牒す《あいなりたくめいによりつうちょうす》」とするものである。ここでは軍慰安婦募集について軍が「統制」し、募集人を軍が「選定」し、それについては「憲兵及警察当局」と連携せよとしているのである。すなわち、いかなる理由にせよ、陸軍省が派遣軍による軍慰安所設置を公認していることを前提とした指示であり、派遣軍が軍慰安所設置の直接の主体となっていることを示しているものである。しかもこの文書は梅津美治郎陸軍次官が捺印《なついん》・決済しており、陸軍大臣の欄には「委」との印がおされ、杉山元陸軍大臣の「依命通牒《いめいつうちょう》」文書なのである。したがって軍慰安所は陸軍大臣・次官の公認のもと、そこを頂点にして組織的に設置されていたのである。

一方、海軍省の動向については、一九四二年五月三〇日付の海軍省軍務局長と兵備局長の連名で南西方面艦隊参謀長宛に送った文書、「第二次特要員進出に関する件照会」によれば（海軍では慰安婦を「特要員」と呼んでいた）、海軍省が東南アジア方面への軍慰安婦の配置と施設・経営の方針を決定していたことがわかる（重村実「特要員という名の部隊」『特集文藝春秋』一号）。これによれば、スラウェシ島（セレベス島）のマカッサルに四五名、ボルネオ島のバリックババンに四〇名、マレーのペナンに五〇名、ジャワ島のスラバヤに三〇名を「配分」する（アンボンとシンガポールは未定）ことになっている。海軍省の軍務局長と兵備局長とが、軍慰安婦配分の直接責任者になっていることが判明する。

また、陸軍省において軍慰安所を管轄していたのは人事局恩賞課であった（一九四二年四月より）。軍慰安所に関する要務は、陸軍省の機構の中にしっかりと組みこまれていたのである。「陸軍省業務日誌摘録」によれば、一九四二年九月三日の課長会報で、倉本敬治郎恩賞課長は次のように述べている。「将校以下の慰安施設を次の通り作りたい。北支一〇〇ケ、中支一四〇、南支四〇、南方一〇〇、南海一〇、樺太一〇、計四〇〇ケ所」。陸軍省は軍慰安所の全体の配置計画をも立てていたのである。

次に現地軍部・派遣軍側からの動きと、それへの国内の対応を見よう。

「内地」における軍慰安婦徴達機構

内務省警保局が作成し、一九三八年（昭和一三）一一月八日に施行された次のような秘密文書がある（『赤旗・評論特集版』一九九七年二月三日）。長くなるが引用しよう。

支那渡航婦女に関する件伺

本日南支《なんし》派遣軍古荘部隊参謀陸軍航空兵少佐久門有文及《および》陸軍省徴募課長より、南支派遣軍の慰安所設置の為《ため》必要に付《つき》、醜業を目的とする婦女約四百名を渡航せしむる様、配意ありたしとの申出ありたるに付ては、本年二月二十三日内務省発警第五号通牒の趣旨に依《よ》り之《これ》を取扱ふこととし、左記を各地方庁に通牒し密《ひそか》に適当なる引率者（抱《かかえ》主《ぬし》）を選定、之をして婦女を募集せしめ現地に向はしむる様取計相成可然哉《あいなりしかるべきや》。

追て既に台湾総督府の手を通じ同地より約三百名渡航の手配済の趣に有之《これあり》。

記

一、内地に於て募集し現地に向はしむる醜業を目的とする婦女は約四百名程度とし、大阪（一〇〇名）、京都（五〇名）、兵庫（一〇〇名）、福岡（一〇〇名）、山口（五〇名）を割当て、県に於て其《そ》の引率者（抱主）を選定して之を募集せしめ現地に向はしむること。

二、右引率者（抱主）は現地に於て軍慰安所を経営せしむるものなるに付、特に身許確実なる者を選定すること。

三、右渡航婦女の輸送は内地より台湾高雄まで抱主の費用を以《もっ》て陰に連行し、同地よりは大体御用船に便乗現地に向はしむるものとす。尚《なお》右に依り難き場合は台湾高雄広東間に定期便船あるを以て之に依り引率者同行すること。

四、本件に関する連絡に付ては参謀本部第一部第二課今岡少佐、吉田大尉之に当る。尚現地は軍司令部峯本少佐之に当る。

（五以下は省略）

これは、南支派遣軍古荘部隊参謀が陸軍省に「醜業を目的とする婦女」の派遣・渡航を要請し、陸軍省徴募課長がこれを内務省に依頼、内務省警保局がこれを受けて各府県に割当数の婦女の募集を命じたものである。現地軍の要請に応える軍慰安婦の国内徴募に、陸軍省―内務省―府県というルートが見事につくり上げられていると言わねばならない。府県は引率者（それは同時に抱主となる）を「選定」し、引率者をして軍慰安婦の募集に当たらせるのであるが、別の警保局の文書「通牒案」によれば、「密《ひそか》に募集すること」とされ、また、「一引率者（抱主）の引率する婦女の数は十名乃至《ないし》三十名程度と為《な》すこと」とされている。なお、「醜業を目的とする渡航婦女は、現在内地に於て娼妓其の他事実上醜業を営み居る者にして、満二十一歳以上且《かつ》身体強壮なるもの」という条件を付されている。一方、引率者（抱主）は「貸座敷業者等」から「選定」され、また同時に現地の「軍慰安所」の「経営」者とされていることが注目されるが、引率者（経営者）を「選定」（指名）しておきながらも、「経営者の自発的希望に基《もと》づく様取運び之を選定すること」という欺瞞《ぎまん》を弄《ろう》している。その他、台湾高雄から現地（広東）へは「御用船」への便乗という便宜が軍から供与されていることも注意しておいてよいであろう。

軍慰安婦の派遣を要請してきた南支派遣軍古荘部隊は、一九三八年に広東作戦を遂行した第二一軍のことで、第二一軍はこの作戦中ないしは直後にこの要請をしてきたのである。広東の軍慰安所については先述したところであるが、そこに記されていた「軍に於て統制せるもの約八五〇名」は、ここにおける内務省指示の四〇〇名と、台湾総督府を通じて渡航手配した三〇〇名とからなることは確実である。なお付け加えておけば、台湾人の軍慰安婦の徴達・渡航を台湾総督府が所轄していることが明示されており、朝鮮においては朝鮮総督府が所轄していたであろうことを十分推察させる。

現地軍による軍慰安婦派遣要請

一般に占領地域の軍慰安婦は現地人が現地調達されるとともに、朝鮮人・台湾人・日本人などが送りこまれた。前項で見たのは、南支派遣軍が陸軍省に日本人婦女の渡航を要請したものであったが、台湾人の派遣についての許可を陸軍大臣に求めた事例もある。一九四二年（昭和一七）三月、台湾軍に対し、「『ボルネオ』行き慰安土人五〇名為《な》し得る限り派遣方《かた》南方総軍より要求せるを以《もっ》て、陸密電第六二三号に基き、憲兵調査選定せる左記経営者三名渡航許可あり度《たく》申請す」として、在台湾の日本人二名と朝鮮人一名が挙げられている。これは台湾軍司令官が東条英機陸軍大臣宛に送った秘密電報であって、許可の返電が出されている（『資料集』19）。台湾人五〇名が台湾軍の憲兵隊が選定した三人の経営者に伴われて、ボルネオに渡航させられようとしているのである。台湾軍が南方総軍の要請にもとづき、陸軍大臣の許可を得て、業者を選定し、台湾人女性を軍慰安婦として渡航せしめているのである。すなわち陸軍の機構総体を使った軍慰安婦の派遣が行われていたのである。さらに六月にはボルネオへの二〇名の増派が要求されている（『資料集』20）。

日本人あるいは植民地とされた朝鮮・台湾の人が海外に渡航するためには、領事館発給の渡航事由証明書が必要であった。軍慰安婦についてもそれは適用されたが、しだいに別扱いされるようになった。一九四〇年の「『渡支邦人暫定処理の件』打合事項」(『資料集』15)によれば、「現地憲兵隊に於て軍属、軍傭人に非《あら》さる者に対し(主として特殊婦女)証明書を発給し、之《これ》に依《よ》り渡支せしめ居らる向あるも、右は所定通り領事館発給の証明書に依らしむる様取計はれたし」とある。ここでは、規則に反し、現地憲兵隊の証明書のみによって渡支する軍慰安婦がいるという現実があること、それに対しおそらく外務省の意向であろうが、領事館発給の証明書によるようにしようとしていることがわかる。現地憲兵隊の証明書のみによる渡航は、言うまでもなく軍慰安婦の主体的行為ではなく、現地憲兵隊がそのように行為せしめているのである。

軍発給の渡航証明書

一九四〇年には、台湾総督府外事部長のはからいによって、渡支証明書について特別扱いされている事例が存在する(『資料集』16)。すなわち、「本件慰安所従業員の渡航は急を要するものなるに付、特に本件に限り(陸海軍側の証明書に依り)許可すへき」とされ、帰台した経営者に連行された六名の台湾人女性が、「軍慰安所酌《しやくふ》婦稼業の為《た》め」、欽州憲兵分遣隊長足立茂一の証明書によって渡支している。しかもここで「本件に限り」としつつも、「本件の如《ごと》き特殊営業に就業し居《お》るに於《おい》ては、所属部隊長或《あるい》は所轄憲兵隊長の発給する証明書に依り渡航せしむるは、尤《もっと》も実際的処理と思考せられ候」との意見を付している。例外的措置を一般的措置に切り替え、軍部が軍慰安婦の渡航を領事館の管轄から切り離し、専管的に取り扱おうとしているのである。一九四一年の中支警務部による「渡支事由証明及《および》身分証明事務取扱方に関する件」では（『資料集』17）、「軍に於て特に必要と認めたる特種婦女及《および》在支商社に於て雇傭関係確定せる者並《ならび》に家事使用人（女中、乳母《うば》等）は極端に制限せざること」とされるにいたっている。

軍慰安所設置方法の教育

陸海軍では兵站の慰安係、あるいは部隊の主計将校や副官が軍慰安所の設置や管理にかかわっていた。ところで、陸軍経理学校では軍慰安所設置の方法を教えていた。鹿内信隆元サンケイ新聞社長は、経理学校時代の思い出を次のように語っている（桜田武・鹿内信隆『いま明かす戦後秘史』上巻、サンケイ出版、一九八三年）。

鹿内　（前略）これなんかも軍隊でなけりゃありえないことだろうけど、戦地へ行きますとピー屋が……。

桜田　そう、慰安所の開設。

鹿内　そうなんです。そのときに調弁する女の耐久度とか消耗度、それにどこの女がいいとか悪いとか、それからムシロをくぐってから出て来るまでの〝持ち時間〟が、将校は何分、下士官は何分、兵は何分……といったことまで決めなければならない（笑）。料金にも等級をつける。こんなことを規定しているのが「ピー屋設置要項」というんで、これも経理学校で教わった。この間も、経理学校の仲間が集まって、こんな思い出話をやったことがあるんです。

「ピー屋設置要項」というのは正式には「慰安所設置要項」あるいは「特殊慰安施設設置要項」というようなものであろうが、経理将校になるものは軍慰安所の設置・管理の仕方まで教えこまれていたのである。まさに軍慰安所のための万全の態勢が取られていたといわなければならない。

設置のねらい

士気振興と軍紀維持

軍慰安所は、前に紹介したように、「絶対地方客に接せしめず」ということを、すなわち「本慰安所を利用し得べきものは制服着用の軍人軍属に限る」（フィリピンのイロイロ「慰安所規定」、『資料集』70）ことを第一の属性としていた。それは将兵の性的欲求に特権を与えると同時に、それを軍慰安所に封じこめ、将兵の性を管理しようとするものであった。ただし例外的であろうが、ビルマ・マンダレーの軍慰安所は、マンダレー在住日本人（主として「商社」員）にも限定つきで解放していた（林博史「ビルマ・マンダレーの日本軍慰安所規定」『戦争責任研究』六号）。

それではこのような属性を持つ軍慰安所を、軍部はいかなる目的でつくったのであろうか。一九四〇年九月に陸軍省が送達した「支那事変の経験より観たる軍紀振作対策」(『資料集』28)では、「事変地に於ては特に環境を整理し、慰安施設に関し周到なる考慮を払ひ、殺伐なる感情及《およ》び劣情を緩和抑制することに留意するを要す」とし、さらに「特に性的慰安所より受くる兵の精神的影響は最も率直深刻にして、之《これ》か指導監督の適否は、志気の振興、軍紀の維持、犯罪及《およ》び性病の予防等に影響する所大なるを思はさるへからす」と強調している。陸軍省は「性的慰安所」の持っている重要性をきわめて率直に認めており、私がこれまで述べきたったことを正当づけてくれているようなものである。それはともかく、軍慰安所設置の目的という観点からは、まず、「志気の振興、軍紀の維持」に着目する必要があろう。

上海戦における戦意の低下、軍紀の弛緩

軍慰安所の本格的設置の計画がたてられたのは、上海侵攻戦の際であることを先に指摘した。この上海侵攻戦においてすでに、日本兵の戦意の低下と軍紀の弛緩《しかん》が見られたことを、吉田裕『天皇の軍隊と南京事件』(青木書店、一九八五年)が指摘している。同書によれば、日本軍は上海侵攻について中国軍を侮《あなど》り楽観視していたが、日本軍の予期に反して中国軍の戦意は旺盛で、中国軍の激烈な抵抗にあい、日本軍は苦戦を強いられた。そこで日本軍は上

海派遣軍を大増強したが、それでも日本軍の総攻撃は中国軍の反撃にあって数度にわたって挫折した。そのような中で、「突撃の好機を発見し勇敢なる幹部突撃するも後方之に続かず為めに失敗に帰するもの多し」というような状態が現出し、また略奪が盛んに行われた。戦意の低下、軍紀の弛緩である。なお日本軍は圧倒的な海上・航空戦力を支えとして、上海を占領するにいたった。

こうした戦意の低下、軍紀の弛緩は、対中国戦が中国蔑視《べっし》観念の上に立ち、戦争目的になんらの合理的な正当性を示せぬ侵略戦争であったことの帰結であり、また上官の命令は朕《ちん》の命令であるという皇軍の軍紀のもとに兵士に絶対的服従を強い、しかも兵士の消耗品扱いがもたらしたものであろう。軍中央はそうしたことを顧みることなく、戦意を高揚させ、軍秩序を維持するための安全弁として軍慰安所を設けたのである。そこには「志気の振興、軍紀の維持」と性欲の処理とを結び付ける軍中央の短絡さが見える。それは政治的サディズムとも言える。ただその底流には、中国戦線に従軍していた陸軍軍医早尾乕雄が一九三九年六月に書いた論文「戦場に於ける特殊現象と其《その》対策」（『資料集』47）が指摘する、「日本軍人が戦争に来て大きな顔をして慰安所へ暇さへあれば通ふ姿を見て支那人は笑つて居《お》つた、上海へ上陸した其《そ》の日に何処《どこ》へ行つたら女が買へるかと在留日本人に聞くと言ふので、日本の兵隊さんは戦争に来たのぢゃないのかと反問してるのを聞いた」という状況があることを見過ごすことはできない（現在の日本人の韓国への「キーセンツアー」や東南アジア向け「買春ツアー」などは、これに通じるものがあろう。また、旅の恥はかき捨てという伝統的心性につながるものであろうか）。また、ビルマにおけるアメリカ軍の「日本人捕虜尋問報告」によれば（『資料集』99）、「すべての（朝鮮人）慰安婦の一致した意見では、彼女たちのところへやって来る将校と兵士のなかで最も始末が悪いのは、酒に酔っていて、しかも、翌日戦線に向かうことになっている連中であった」。また「満州」に拘禁された黄錦周さんも、「戦場に出る前の軍人は特に荒々しく、泣きながらする人もいました」と証言している（『証言』I）。死の影におびえた極限状況における性の問題を象徴的に示していよう。

文化・娯楽施設の貧困・排除

短絡的結びつけの問題は、軍における文化・娯楽施設の貧困さや、休暇制度の欠如と表裏のものでもあった。上海第一兵站病院にいた早尾乕雄が一九三八年四月に書いた「戦場神経症並《ならび》に犯罪に就て」（高崎隆治編・解説『軍医官の戦場報告意見集』不二出版、一九九〇年）は、「犯罪頻発の原因」の一つとして、「上海・南京等に酒場・慰安所を多数に開設し、自ら酒と女とのみを以《もっ》て将兵を慰むる方法をとり、他に健全なる精神の転換を図る施設を忘れたること」を挙げ、痛烈に批判している。また、前掲の麻生徹男は、次のように観察している。「この頃の上海を占領していた陸軍部隊は、上海陥落直後の東京人の第百一師団ではなく、杭州湾以来の気性の荒い九州福岡人の師団で、やたらに威張り散らして、軍人のダンスホール入り禁止、カメラ購入に対する身分制度の確立、果ては麻雀の禁止で、それまで文化的に水準の高い海軍の艦隊や陸戦隊に親しんでいた日本人居留民にとっては、一つの戸惑いであったのは否めない」。軍慰安所については海軍の方が先輩格であるから、麻生の観察は必ずしも当を得たものではないが、それにしても文化・娯楽施設の貧困どころか、それに接することへの排除、締めつけが行われている。

また、金原節三「陸軍省業務日誌摘録」には、次のような記述が見える。一九三九年（昭和一四）に中国東北を視察した佐々木真之助陸軍省恩賞課長は、そこの「福利施設」について「兵の慰安施設として軍人ホームの建設を希望しあり。〔軍人〕援護会に交渉する予定」「家族携行状況はなお不十分なり。特に国境方面に甚だしく、中には家族の顔を見ざること五年余に及ぶものあり。これがため人心荒み事故犯罪跡を絶たざる状況なり」と語っている。「満州国」においてこのありさまである。他は推して知るべしと言うべきであろう。「陸軍省業務日誌摘録」はさらに、一九四二年七月三〇日の局長会報で、西浦進軍事課長の発言として、「召集回数二―三回に及ぶべきをもってこの際特別休暇を実施し、たとい九牛《きゅうぎゅう》の一毛《いちもう》に過ぎざるも、少しでもこれを緩和せんとす。結婚の斡旋につきても同様。家族携行も急速に実施し度《たく》」と記している。「休暇」とはいえ、それは召集回数二〜三回に及ぶものであって、それさえ実施されたかどうか疑わしい。兵士は非人道的扱いを受け続けているのであり、自暴自棄におちいっていくであろう。

将校と「心ある兵」

士気の振興と軍紀の維持を軍慰安所の目的とすることについて何よりも言わなければならぬことは、女性の人権を踏みにじり、女性を犠牲にすることの上に成り立っているものであり、軍は上から下に及ぶまでそれを当然視していることである。それは天皇制軍隊の軍紀と照応関係にあるものであろう。ただそのような中にあって、早尾乕雄「戦場に於ける特殊現象と其対策」によれば、「心ある兵は慰安所の内容を知つて軍当局を冷笑して居《お》つた位《くらい》である」というような、いかなる理由にせよこのような「心ある兵」の存在は救いである。しかし、このような「心ある兵」も次のような環境のもとにおかれていたのである。「将校は率先して慰安所へ行き兵にもこれをすゝめ慰安所は公用と定められた。心ある兵は慰安所の内容を知つて軍当局を冷笑して居つた位である。然《しか》るに慰安所へ行けぬ位《くらい》の兵は気違だと罵《ののし》つた将校もあつた」。

軍慰安所設置の目的の第二は性病予防対策にあった。将兵の戦地におけ

性病予防対策

る性病罹患率は高かった。一九四〇年一月印刷の、北支派遣多田部隊富家部隊福島隊の調査による性病に関する諸統計のうち（『資料集』48）、性病患者感染機会調査表によれば、「帯患」一一・六一％、「召集地」二・八二％、「内地より輸送間又《また》は兵力転用間」四・一九％、「戦地」八一・三八％となっていて、いかに外征戦地における性病罹患率が高かったかがわかる。また、一九四四年五月、フィリピンの「サンタクルース」患者療養所の陸軍軍医の報告にも（『資料集』73）、「花柳病患者は依然減少を見ず、他疾病に比し罹患率大なり」と、性病の罹患率の大なることが述べられている。このような性病罹患率の高さは、兵士の出征戦地における放埒《ほうらつ》な性行動に起因するものであろう。

金原節三「陸軍省業務日誌摘録」によって見るに、一九四二年一二月二二日の医務局会報で安田軍医中佐が、南方軍に一〇月末までに性病患者二七七四名いることを指摘し、さらに、「将来逐次増加する傾向にあり。この際根本策を樹《た》つる要あるを以《も》つて着々その準備を進めあり。慰安所を拡張せしむる気運あり。幹部の自粛自戒が行われず」とし、また、「患者の治療は中途半端に流れ易《やす》きを以つて徹底的に行う要あり。これがため性病特種病

院を作り重点的徹底的に治療すると共に、在隊患者のため外来治療を実施しその適切なる治療指導を行う」と述べている。兵士間における性病の蔓延は、性病特殊病院の設置を提起させるほどに差し迫った問題となっていたのである。一九四三年四月一一日に開かれた医務局局内会報で、新任の神林浩医務局長も、「性病予防に関する具体的方策を検討すること。野戦衛生長官としても南方に五、〇〇〇名の性病患者ある実情に鑑《かんが》み至急所要の指示をなす要あり」と指示している。また、一九四〇年二月一四日の「軍医部長会議状況報告」によれば、北支那方面軍からは「特種治療を要するものは努めて特種治療衛生機関に集めて治療す。……性病は太原、済南、保定、大同の病院を指定し集結治療を行う。内地における特種治療を必要とするものは天津に集めて還送す。六ケ月間に二、六〇〇名の患者を収容す」との報告があり、北支那方面軍では性病患者を特定病院で「集結治療」し、重病の性病患者は内地に送還していることがわかる。

性病患者は一般兵士のみならず、将校間にも広がっていた。早尾乕雄「戦場に於ける特殊現象と其《その》対策」によれば、「将校間に却《かえ》つて性病が多かつた。若い将校どころか上長官の間にも患者はあり軍医に秘密治療を受けて居る」ありさまであった。

このような性病の蔓延は、以上の引用資料からもうかがえるように、軍にとって深刻な問題であり、それへの対策もアジア太平洋戦争期により本格化していった。一九四二年（昭和一七）六月、陸軍省医務局衛生課起案の「大東亜戦争関係将兵の性病処置に関する件」（『資料集』29）は、「出動地に於ける性病予防の徹底を期し、以《もっ》て戦力の減退と病毒の国内搬入に依《よ》る民族の将来に及ほす悪影響を防止せん」とし、さらに「大東亜戦争参加将兵の内地に帰還に方《あた》り、国内に性病の蔓延を来さしむる事は、啻《ただ》に帰還将兵の家庭問題に止《とどま》らす、我か国人口政策上真に由々しき事にして、之《これ》か対策は緊急且《かつ》厳格なるを要す」としている。軍中央にとって性病の蔓延は、戦力の減退と国内の人口政策という国家の戦争政策の遂行にとって深刻な問題なのであった。性病という病気に罹患した個々の兵士の存在の問題、換言すれば病者の人権の問題などではあり得なかった。

戦力の減退と人口政策

軍部は戦地における性病の蔓延を食い止める意味もあって、軍慰安所を設けたのである。先に引用したように、第二一軍の松村軍医部長は、「性病予防等のため……慰安隊を輸入す」と報告していたし、安田軍医中佐は、「性病予防撲滅対策。……この際根本策を樹《た》つる要あるを以《もっ》て着々その準備を進めあり。慰安所を拡張せしむる気運あり」と述べていたのである。

検徽制度

軍慰安所をして性病予防機関たらしめるためにとられたのが、軍慰安婦に対する徹底した検黴《けんばい》制度であった。軍慰安婦は先述した麻生徹男の証言にあったごとく、まず入所時に医師より性病の有無の検査を受け、次いで入所後たとえば「検査、毎週月曜日及《および》金曜日とし金曜日を定例検黴日とす」（一九三八年三月、独立攻城重砲兵第二大隊の常州駐屯間内務規定の中の慰安所使用規定、『資料集』41）というように定期的な検査を受けたのである。同規定ではさらに、「検査主任官は第四野戦病院医官とし、兵站予備病院　並《ならびに》各隊医官は之《これ》を補助するものとす、検査主任官は其《そ》の結果を第三項部隊に通報するものとす」と定めている。淋病《りんびょう》等の性病が発見された軍慰安婦は、この通報により休まされる。この規定では、「営業者は総《すべ》て検黴の結果合格証を所持するものに限る」とされている。

軍慰安婦はこのような検黴制度のもとにおかれているのであるから、慰安婦が感染源になることはあまりなかったと思われる。「合格証を所持」していながら性病に感染する軍慰安婦もいるが、その感染源は将兵の側にあると言わねばならない。しかしながら右規定では、「慰安所利用の注意事項」として、「女は総《すべ》て有毒者と思惟《しい》し防毒に関し万全を期すへし」と決めつけられているのである。軍慰安所を利用する側の男にとって都合の良い論理と言うほかない。前掲の「サンタクルース」患者療養所では、「之《これ》(花柳病)が伝染源芟除《さんじょ》の為慰安婦の検査を厳密〔に〕し、一般兵員の個人衛生の徹底を期し、罹患絶滅に努力せり」と、性病の感染源は軍慰安婦にありと見なし、それを前提に検黴の厳格さを求めているが、そもそも検黴そのものが感染源を一方的に女性(慰安婦)の側に押しつけるものではないのか。

サック　「女は総て有毒者と思惟し防毒に関し万全を期すへし」とする男性軍は、その「防毒」のために(慰安婦への感染を防ぐためではない)、「『サック』及《および》予防薬(一揃五銭)は之《これ》を慰安婦より受領し、予防法は必ず実行し、花柳病に罹《かか》らざること」(フィリピン・マスバテ島警備隊の「軍人倶楽部規定」、『資料集』69)を命じ、あるいは経営者に「『サック』使用せさる者の遊興拒止」(フィリピン・イロイロの「慰安所規定」、『資料集』70)を厳守させている。「サック」はコンドームのことで、「突撃一番」と印字されていた。また、北支那方面軍軍医部は「花柳病予防」について次のように事細かに説いている(『資料集』48)。

花柳病は主として性交に依《よ》り感染し、芸娼妓は殆《ほと》んと全部有毒者なり、依《よっ》て性交の

際には次の予防法を確実に実施すへし

イ、飲酒後性交してはならない

ロ、検黴証明書を確めよ

ハ、性交前女に洗滌《せんじょう》せしめよ

ニ、「サック」は必す使用せよ

ホ、星秘膏を使用せよ

性交前少量を陰茎に塗り、次《つい》て「サック」を被《かぶ》せ、更《さら》に「サック」の表面に少量を塗り、残余を性交後尿道内に注入せよ

ヘ、用済後速《すみやか》に放尿及《および》洗滌消毒を行へ、性交後五分間以内に消毒せされは消毒の効なし

ト、帰営後医務室に立寄り処置を乞《こ》へ

チ、異状ある者は早期に受診し、徹底的に治療を受けよ

リ、包茎の者は花柳病に罹り易《やす》きを以《もっ》て、特に消毒を厳重に行へ

このようなばかばかしく込み入ったことを実行する者がいたであろうか。机上の空論というほかない。

むしろ現実にはサックの装着さえ嫌忌《けんき》した兵士がかなりいたようである。支那派遣軍総司令部のひとつの文書には、次のように記してある（『資料集』59）。「従来の状況を省るに、登楼者にして『サック』を持参せる者は殆んとなし、即ち各人に交付せられたる『サック』は殆んと使用せす、無駄に放棄するか或は軍慰安所以外の場所に於て使用するものと推察さる」。また韓国の元慰安婦は、次のように証言している。「サックを使いたがらない軍人もいました。私は性病が怖かったので絶対にサックを使ってくれなくては困ると最後まで言い張りました。サックを使わないなら上官に言い付けると脅してみたり、性病がうつると互いのためによくないからサックを使ってほしいと説得したりしました」（『証言』I）。なおサックは、軍から交付される場合と慰安所で手渡される場合とがあり、後者では帳場で渡されるのと慰安婦から渡されるのとがあった。

感染源としての将兵

先述したごとく、将兵の戦地における性病罹患率は高かったが、軍慰安婦は検黴制やコンドームの装着によって感染源となることは少なく、慰安婦が性病に感染するのはむしろ日本軍将兵によるものと推定した。元軍慰安婦の鄭学銖さんも、「兵士たちの相手をする女たちは性病にかかることが多くて苦労した」と証言している（『証言』II）。それでは将兵はどこで性病に感染するのか。今、右に引いた文章の中に、「軍慰安所以外の場所に於て使用」とあり、また、「各人に『サック』を持参せしむる時は、此《これ》を利用し軍慰安所以外の場所に立入り易《やす》きため、事故発生の誘因となる懼《おそ》れあり」とも記されている。将兵は軍慰安所があっても、一般の娼婦に接していたのである。一九三八年の陸軍省の「戦時服務提要」にも（『資料集』27）、「性病に関しては積極的予防法を講ずるは勿論《もちろん》、慰安所の衛生施設を完備すると共に、軍所定以外の売笑婦・土民等との接触は厳に之《これ》を根絶するを要す」と掲げられており、軍慰安所以外の「売笑婦・土民等との接触」がうかがえる。また、セレンバン警備隊本部では、「兵站《へいたん》に於て指定せる慰安所の外、私娼家屋に立入りを厳禁す」としており（『資料集』76）、「厳禁」する背景には「私娼家屋に立入り」する現実があったからであろう。現に南西太平洋地域連合国軍の捕虜尋問報告によれば（『資料集』101）、「民間人の経営する慰安所のほうが人気があった。民間慰安所のほうが混んでいなかったからである」とされている。この「民間慰安所」は一般の売春宿である。

強姦対策　軍慰安所設置の重要なねらいのひとつは、強姦防止対策にあった。早尾乕雄「戦場に於ける特殊現象と其《その》対策」は、この点について直截《ちょくせつ》に次のように記している。「出征者に対して性欲を長く抑制せしむることは、自然に支那婦人に対して暴行することゝなろうと兵站は気をきかせ、中支にも早速《さっそく》に慰安所を開設した。其《そ》の主要なる目的は性の満足により将兵の気分を和げ、皇軍の威厳を傷ける強姦を防ぐのにあった」。

早尾は強姦事件の実例を列挙しているが、そこから二例を紹介しておこう。

(1)　二人（A・B）の兵は他の一人（C）を誘ひて外出した。Aは支那婦人（当二十年）を見ると劣情を起し強姦を志し、Cをして同女を附近の空家へ連れ行かしめ、Cをして所携の小銃を一発発射せしめ、更に着剣の上剣先同女に突付けて脅迫せしめ、同女が恐怖するを見ると附近の民家内へ引き入れ強姦した。BはAの目的を達したのを知ると、Aの立ち出た後へ入り込んで同女を強姦した。

(2)　或《あ》る兵は支那酒に酔ひつゝ支那店に立ち寄り焼鳥を食する時、其《そ》の傍《かたわら》に居た支那少女（当六年）を見ると同女が十三歳未満の少女であることを認識しながら姦淫せんと思ひ、同女を抱きながら室内へ入り同女の父に銃剣をつきつけ退去を命じ置き同女を姦淫せんとせしも、少女の為め目的を達し兼ね指頭を以て押し開かんとして負傷せしめた。

また、中国の愴県にいた元歩兵の人は、「月に二～三回、順番で部落を襲撃した。その朝、一人三個ずつ、コンドームを支給された」と証言している（『従軍慰安婦一一〇番』明石書店、一九九二年。以下、『証言』Ⅶと略記）。このような部隊による組織的強姦もあったのである。

こうした強姦が南京事件の際に猖獗《しょうけつ》を極めたことはよく知られているが、南京のみならず各所で引き起こされていたのであり、早尾も「戦場神経症並《ならび》に犯罪に就て」で、「支那人強姦例は殆と数を挙け得さる程の多数に上り」と記している。また東南アジア方面においても同様であった。金原節三「陸軍省業務日誌摘録」に、一九四二年五月二日陸軍省局長会報での大山法務局長と田中兵務局長のやりとりが載せられている。

（法務局長）
比島《ひとう》方面においても強姦多かりしが、厳重なる取締をなしたる結果、犯罪激減せり。

（兵務局長）
比島は他の地域に比し比較的多かった。しかし、支那事変に比すれば尠《すくな》いといえる。

しかし、法務局長の「激減」発言にもかかわらず、ゲリラとの戦いが長期にわたったフィリピンにおいては、各種証言に照らせば強姦が猖獗をきわめたようである。

また、一九四二年八月一二日局長会報における大山法務局長の報告に、次のようにある。

南方の犯罪六一〇件。強姦罪多し。シナよりの転用部隊に多し。慰安設備不十分。監視監督不十分に起因す。

なお、ここに挙げられている数値は、軍当局に検挙されたものであり、実際にはもっと多くの強姦が引き起こされていたであろう。

戦時強姦

日本軍将兵は、なぜ、かくもおぞましい数限りない強姦をなしたのであろうか。ここで注意しておかなければならないのは、戦場における犯罪は強姦とそれに伴う殺害のみではなく、略奪や放火、民間人に対する殺傷と並行して行われていたことである。こうした戦争犯罪は、一種の戦闘行為の継続として、とりわけ勝者は敗者に対する優越感・陶酔感により、敗者（軍民の見境なく）から戦利品を得るのは当然であり、敗者に対しては何をしてもよいのだという帝国主義的攻撃欲望の発露であると見なしえよう。強姦も戦利品として、性的欲望を暴力的に満たすものであろう。占領地女性を物としか見なさず、しかも玩弄視《がんろうし》していたのである。さらにここでの敗者は敗者ゆえに蔑視《べっし》すべきものとの観念にとどまらず、もともとから植え付けられていた中国人・アジア人に対する蔑視観念に裏打ちされたものであった。さらに社会化された暴力性を伴う家父長制原理（軍隊はそれを体制内化していた）が支えとなっていたであろう。

また、次のようにも見なしえよう。個人の自由の自覚に乏しく、上官の絶対的命令下に置かれ、かつ消耗品扱いされた兵士が、恐怖におののきつつ（早尾乕雄「戦場神経症並に犯罪に就て」には、次のように記されている。「敵前上陸に際しては誰言ふとなく南無阿弥陀仏を合唱せしと言はれ、或は明日の戦闘を予期せし場合、東方に足を向くるを避けつゝ寝ね、以《もっ》て戦傷より免れんことを私《ひそ》かに祈願せりといふ」）、集団的に攻撃心を発揚させながら銃弾をくぐり抜け、勝利によって其《そ》の緊張が弛緩した時に、群集心理的興奮状態における倒錯的はけ口として、集団行動的に殺戮《さつりく》、略奪、強姦に走るのであろう。そうした時には性欲を満足させるに終わらず、輪姦後の女性の乳房を切除するとか、陰部に銃剣を突き刺すとか、あるいは妊婦を割腹する（笠原十九司「中国戦線における日本軍の性犯罪」『戦争責任研究』一三号）というような猟奇的行為にまで及んだのである。

日本軍兵士の間で強姦がはびこるのには、次のような事情もあった。早尾乕雄「戦場に於ける特殊現象と其《その》対策」には、次のように記されている。強姦について「部隊長は兵の元気をつくるに却《かえ》つて必要とし、見て知らぬ振りに過したのさへあつた位《くらい》である」。また、「日本の軍人は何故《なにゆえ》に此《こ》の様に性欲の上に理性が保てないかと、私は大陸上陸と共に直ちに痛嘆し、戦場生活一ケ年を通じて終始痛感した。然《しか》し軍当局は敢《あえ》て是《これ》を不思議とせず、更《さら》に此の方面に対する訓戒は耳にした事がない」。早尾乕雄「戦場神経症並に犯罪に就いて」でも、「今事変《こんじへん》に見る犯罪の種類は、悉《ことごと》く内地に於ては重罪のもとに処刑せらるへきものなり。然《しか》るに戦場にては無遠慮に行はれ、其の初めに於ては毫《ごう》も制裁を受けす、却《かえ》つて是に痛快を感し益々《ますます》奨励せらるゝか如《ごと》き観ありき」と記している。

兵士の強姦等の犯罪行為について、軍当局は訓戒を加えるどころか制裁・処刑をせず、そればかりか見て知らない振りをし、奨励さえしていたのである。軍当局は戦士の欲求不満を発散させるために、犯罪にあたる「甘い汁を吸わせ」ていたのである。軍当局のそうした態度は日本帝国主義の侵略戦争と不可分の構造的なものであり、軍当局は言うまでもなく、総指揮者の性暴力等についての戦争責任も免れがたい。

戦時強姦と反日意識

軍中枢部の一部には、早くから日本兵士の強姦に頭を痛めていた者もあったようである。しかし軍部が強姦防止のために軍慰安所の設置を急ぐようになったのは、強姦が中国人の反感を買い、反日感情を高めさせ、戦争の遂行に障害となってきたからである。強姦についての人権の観点からの反省などというものはいささかもない。

そうしたうえから興味深いのは、北支那方面軍参謀長岡部直三郎名による、一九三八年六月二七日付、「軍人軍隊の対住民行為に関する注意の件通牒」である（『資料集』42）。以下に長くなるが引用しよう。

一、軍占領地域内の治安は徐州会戦の結果一時好転せしやに看受《みう》けられしも、最近に至り山東省方面に於ける交通線の〔破壊〕復《ふたた》ひ盛となり、又《また》北部京漢線西方地区共産遊撃隊の活動は北京北方地区を経て従来の平和境冀東《きとう》方面に迄拡大せらるゝ等、再ひ逆転の傾向を示しつゝあり、治安回復の前途実に多難なるを覚えしむ。

二、治安回復の進捗遅々たる主なる原因は、後方安定に任する兵力の不足に在ること勿論なるも、一面軍人及《および》軍隊の住民に対する不法行為か住民の怨嗟《えんさ》を買ひ反抗意識を煽《あお》り、共産抗日系分子の民衆扇動の口実となり、治安工作に重大なる悪影響を及ほすこと尠《すく》なしとせす。

而《しか》して諸情報によるに、斯《かく》の如《ごと》き強烈なる反日意識を激成せしめし原因は、各所に於ける日本軍人の強姦事件か全般に伝播《でんぱ》し、実に予想外の深刻なる反日感情を醸成せるに在りと謂《い》ふ。

三、由来山東・河南・河北南部等に在る紅槍会・大刀会及之《およびこ》れに類する自衛団体は、古来軍隊の掠奪《りゃくだつ》強姦行為に対する反抗熾烈《しれつ》なるか、特に強姦に対しては各地の住民一斉《いっせい》に立ち死を以《もっ》て報復するを常としあり（昭和十二年十月六日方面軍より配布せる紅槍会の習性に就て参照）、従《したがっ》て各地に頻発する強姦は単なる刑法上の罪悪に留《とどま》らす、治安を害し軍全般の作戦行動を阻害し累を国家に及ほす重大反逆行為と謂《い》ふへく、部下統率の責にある者は国軍国家の為《た》め泣て馬稷《ばしょく》を斬り他人をして戒心せしめ、再ひ斯《かか》る行為の発生を絶滅するを要す、若《も》し之《これ》（ママ）を不問に附する指揮官あらは是《これ》不忠の臣と謂《い》はさるへからす。

四、右の如《ごと》く軍人個人の行為を厳重取締ると共に、一面成《な》るへく速《すみやか》に性的慰安の設備を整へ、設備の無きため不本意乍《なが》ら禁を侵す者無からしむるを緊要とす。

五、（略）

六、前述の諸項は従来屢々《しばしば》注意せられし所なるか、其《その》徹底特に実行部隊たる中隊以下に対する徹底十分ならさる憾《うらみ》あり、此際《このさい》特に下級部隊への徹底を期し信賞必罰を以て臨まれ度《た》く命に依り通牒す。

紅軍・紅槍会の反日闘争

日本軍人の強姦事件が「反日意識を激成せしめ」ていることに軍幹部は心痛しているのであり、とりわけ「共産系抗日分子」、すなわち紅軍の民衆扇動の手段に使われていることに危機感を抱いているのである。強姦に強い抵抗意識を持っている中国人の中にあって、日本軍の強姦は紅軍にとって格好の扇動武器であったろう。この文書で直接問題となっている冀東地域では、盧溝橋《ろこうきょう》事件後に進展を見せた第二次国共合作の中で、華北の紅軍が国民革命軍第八路軍に編入され、その八路軍が中心となって、日本占領地域における最初の抗日根拠地＝晋察冀《しんさつき》辺区（辺区政府＝晋察冀辺区臨時行政委員会）を作り上げたのである（石島紀之『中国抗日戦争史』青木書店、一九八四年）。日本軍はこの抗日根拠地と遊撃戦の脅威のもとにさらされていたのである。

紅槍会は清末から華北農村に起こった農民自衛武装団で、軍閥の搾取や土匪《どひ》の略奪行為に備えて河南省の農民が赤い房をつけた槍をとって自衛にあたったのが起源といわれる。宗教的結社の性格をもち勇猛であった。日中戦争下、紅槍会は抗日的な地方人民武装隊となり、抗日戦争発展の過程で八路軍などに協力したり合流したりしていった（野沢豊「紅槍会」『世界歴史事典』平凡社）。この紅槍会が、日本軍兵の強姦に「熾烈」な抵抗を行っていたのである。

強姦はやまず

こうした状況のもとに、北支那方面軍は軍慰安所の設置を急いだのである。しかし、部下の強姦を諫《いさ》めるのに、「泣て馬稷を斬り」（私情において忍びないが、国軍国家のためにやむを得ず説教する）などという侵略者丸出しの強姦肯定論をとっているのでは、「軍当局は軍人の性欲は抑へる事不可能だとして、支那婦人を強姦せぬ様にと慰安所を設けた、然《しか》し強姦は甚だ旺《さか》んに行はれて、支那良民は日本軍人を見れば必ず是《これ》を怖れた」（早尾乕雄「戦場に於ける特殊現象と其対策」）のは必然的であると言える。『岡村寧次大将資料　戦場回想編』にも、一九三八年、武漢攻略作戦を指揮していた当時のありさまについて、「現在の各兵団は、殆《ほと》んどみな慰安婦団を随行し、兵站の一分隊となっている有様である。第六師団の如《ごと》きは慰安婦団を同行しながら、強姦罪は跡を絶たない有様である」と書かれている。

なお、慰安所設置の目的は、強姦防止、性病防止、「慰安」の提供、スパイ防止にあったことを、吉見義明『従軍慰安婦』（岩波新書、一九九五年）が指摘している。

軍事的性奴隷制

軍慰安婦の徴達・連行

一九三七年（昭和一二）七月の日中全面戦争開始に伴う軍慰安所の本格的設置の際に、日本人女性も軍慰安婦として中国に渡航したことはすでに触れた。日本人慰安婦もかなり存在していたと思われる。日本人慰安婦の事例についてはほとんどわかっていないが、数少ない事例から垣間見ることにしよう。

日本人慰安婦

城田すず子さんは、深川森下町で、手広く店を広げていたパン屋の長女として生まれ、共立女子職業学校に通ったが、父が店を担保に借金の保証人となり、その借金が払えなくなったことで家を差し押さえられてしまった。そこですず子さんは、一七歳で、父が借金をした神楽坂の芸者屋の子守に出された。芸者屋ではやがて座敷に出されるようになり、水揚げされる身となった。水揚げされる時には相当に抵抗したが、暴力的に犯されてしまったという。その後横浜の芸娼妓周旋屋《げいしょうぎしゅうせんや》のもとに連れて行かれた。「その時に借金があると言われたのが、その時のお金で一八〇〇円ぐらいでした。その時分は三年契約で五〇〇円位しか貸してくれませんでしたので、遊廓では一八〇〇円も出して買ってくれる所はありません。こういう高い娼妓は、台湾か南洋に行かなければかかえてくれる人はないという話でした」。そこで台湾へ行くことにしたが、台湾の常磐楼の主人が三年契約で二五〇〇円貸してくれ、それで神楽坂の借金を抜いた。しかし台湾で働いても借金は減らなかった。すず子さんは日本内地でも台湾でも、前借金のくびきに縛りつけられていたのである。そのもとは家の没落にあった。ただ、すず子さんはうまい手づるがあって帰京したが、しかしその後、サイパン、トラック島、パラオ等の軍慰安所を転々としている（城田すず子『マリヤの賛歌』日本基督教団出版局、一九七一年）。

菊丸さんは一九二五年（大正一四）、青森県に生まれたが、父が商売に失敗し、東京大塚の芸者屋へ一〇年契約、三〇〇円の前借金で仕込っ子として入れられた。満一〇歳の時であった。仕込っ子というのは雑業のかたわら、将来芸者になるために諸芸を仕込まれる者である。ここで水揚げされた後、東京の西小山へ移って芸者をしている時、置き屋の借金を軍が肩代わりしてくれるという話を聞き、働いても働いても減らない借金から自由になるために、その話にすぐに乗った。行き先はトラック島で、一九四二年（昭和一七）、満一八歳の春であった。トラック島では海軍経営者のもとで、将校を相手にし、「軍属扱い」されたと言う（広田和子『証言記録従軍慰安婦・看護婦』新人物往来社、一九七五年）。

軍慰安婦の差別構造

日本人慰安婦が将校を相手にしていたというのは普遍的なことであったらしく、それは旧日本軍人の証言からも知られる。たとえばインドネシアのスラバヤの軍慰安所は、将校用の立派な建物に日本人慰安婦がおり、兵士用は長屋風のバラックで朝鮮人慰安婦がいた（『証言』VII）。また中国の済南では、将校用が日本人、下士官用が朝鮮人、兵士用が中国人と区分されていた（『証言』VII）。さらに「満州」のムーリンでも、将校専門の「将校倶楽部」に日本人慰安婦、兵士用の軍慰安所に朝鮮人慰安婦がいた（『証言』VII）。そして日本人慰安婦の利用料金は高く設定されていた。また、前線地域には朝鮮人等が、後方地域には日本人が配置されることも多かった。このように、軍慰安婦という性差別の内部にも日本人を頂点とする民族的差別構造が作られていたのである。なお日本人慰安婦の中には、将校のオンリーとなっている者もあった（千田夏光『従軍慰安婦　続編』三一書房、一九七八年）。菊丸さんは一九四三年一二月に帰国するが、その時借金を返した後一万円位を残していたという。このような恵まれた境遇は、右に見た差別構造の頂点に位置していたからである。

娼婦・芸者から軍慰安婦へ

日本人で軍慰安婦になった人々は、前二例もそうであるように、もともと娼婦・芸者となっていたものであった。それはひとつには、一九三八年二月二三日付の内務省警保局長の発した「支那渡航婦女の取扱に関する件」という通牒に規制されたものであった。これは「醜業を目的」として渡航する婦女に関するもので、「醜業を目的とする婦女の渡航は、現在内地に於《おい》て娼妓其《そ》の他事実上醜業を営み、満二十一歳以上、且《かつ》花柳病其の他伝染性疾患なき者にして、北支・中支方面に向ふ者に限り、当分の間之《これ》を黙認することとし、（中略）身分証明書を発給すること」を本旨とするものである（『資料集』5）。

このように「現在内地に於て娼妓其の他事実上醜業を営」む者に限定しているのは、「是等《これら》婦女の募集周旋等の取締にして適正を欠かんか帝国の威信を毀《きず》つけ、皇軍の名誉を害《そこな》ふのみに止《とど》まらず、銃後国民特に出征兵士遺家族に好ましからざる影響を与ふる」ことを配慮してのものである。ここで「帝国の威信」「皇軍の名誉」あるいは「出征兵士遺家族」への「影響」が云々されているのは、「内地に於《おい》て是等《これら》婦女（「醜業を目的とする」渡航婦女）の募集周旋を為《な》す者にして、恰《あたか》も軍当局の諒解あるかの如《ごと》き言辞を弄《ろう》する者も最近各地に頻出しつつある状況」を、内務省が憂慮したからである。また「満二十一歳以上」に限ったのには、「婦女売買に関する国際条約の趣旨にも悖《もと》ること無きを保し難き」ことが大きな理由となっていた。当時わが国は、「醜業を行わしむる為《ため》の婦女売買取締に関する国際条約」等の、婦女子の売買取締に関する国際条約に加入していた。それによれば、未成年の婦女を醜業を目的として、勧誘等した者は、本人の承諾があったとしても罰せられることになっていた。この未成年は二一歳未満とされていた（吉見義明『従軍慰安婦』）。これに則《のっと》って内務省は、満二一歳以上という限定を設けたのであり、軍当局も軍慰安婦であれ、内務省の指針に従わねばならなかったのである。

朝鮮人の徴用・連行

しかしこの国際条約は植民地には適用しないでもよいとの除外規定を持っていた。日本はこの除外規定にも助けられて、植民地朝鮮や台湾から、未婚のいわゆる素人《しろうと》女性を、しかも未成年者も容赦なく連行したのである。

一九三八年、上海に陸軍慰安所が開設された時身体検査を命ぜられた麻生元軍医は、その時の様相を次のように回想している（麻生徹男『上海より上海へ』）。

彼女らは「皇軍兵士」の慰問使として朝鮮及び北九州の各地より募集せられた連中で

あった。興味あることには、朝鮮婦人の方は年齢も若く肉体的にも無垢《むく》を思わせる者がたくさんいたが、北九州関係の分は既往にその道の商売をしていた者が大部分で、後者の中には鼠蹊《そけい》部に大きな切開の瘢痕《はんこん》を有する者もしばしばあった。

『証言』Iで聞き取りの対象になった朝鮮人元慰安婦についての連行時の年齢を見ると、一九人のうち二〇歳以下が一七人を占めていて、とりわけ一六・一七歳に集中しており、一四歳、一五歳の子供もいた。このような成人にも達しないいわゆる素人女性が多く連行されたのである。

詐欺的連行

このような未成年の女性がどのように徴達・連行され、軍慰安婦にされたのであろうか。最も多いのが甘言を弄《ろう》した詐《さ》欺《ぎ》的連行である。

一九二一年、二男三女のいる貧しい家の長女に生まれた呉五穆さんは、次のようにして連れて行かれたと言う（『証言』I）。

満十六歳になった一九三七年の頃でした。両親はいい人がいれば私をお嫁に行かせたいと言いました。こうしたある日、井邑に住む金という男の人が私に「紡績工場に就職させてあげる。いっしょに行く友達がいれば言いなさい」と言いました。機《はた》を織る仕事で月給もくれると言うのです。（中略）それで、私はお金を稼ごうと思い、その頃家によく遊びに来ていたオㇰヒといっしょについて行きました。
ところが連れて行かれた先は「満州」の果てで、日本軍部隊周辺のテント村に入れられた。そこは軍慰安所であった。この事例のように日本の紡績工場、軍需工場に就職を世話するといって連行されているものが数多い。

また、夫に紹介所へ売られた朴順愛さんは、早く借金を返して自由になりたいと思っていた時、「野戦病院で軍人の服を洗い、彼らが負傷したら治療」してやればお金が儲かるという慰問団募集の噂を耳にし、志願した。しかしラバウルの軍慰安所に入れられてしまった。このような軍事病院での看護や雑役と偽って連れて行かれたものも多い（『証言Ⅰ』）。

このような詐欺的連行は、ビルマにおけるアメリカ軍の「日本人捕虜尋問報告」によっても確かめることができる（『資料集』99）。これはアメリカ軍によって捕らえられた二〇名の朝鮮人慰安婦と、二名の日本の民間人（経営者）に対する尋問から得られた情報である。

一九四二年五月初旬、日本の周旋業者たちが、日本軍によって新たに征服された東南アジア諸地域における「慰安役務」に就く朝鮮人女性を徴集するため、朝鮮に到着した。この「役務」の性格は明示されなかったが、それは病院にいる負傷兵を見舞い、包帯を巻いてやり、そして一般的に言えば、将兵を喜ばせることにかかわる仕事であると考えられていた。これらの周旋業者が用いる誘いのことばは、多額の金銭と、家族の負債を返済する好機、それに楽な仕事と新天地――シンガポール――における新生活という将来性であった。このような偽りの説明を信じて、多くの女性が海外勤務に応募し、二、三百円の前渡し金を受け取った。

詐欺的連行についてさらに付け加えるならば、日本人・朝鮮人兵士が慰安婦から訴えかけられ、それを旧兵士が証言していることである。関東軍に属していた旧兵士は、「朝鮮人慰安婦たちは、兵隊の洗濯女という募集を見て来たということでした。だまされたと話していたのを覚えています。関東軍の御用商人が、慰安婦を斡旋していたようです」と証言している（『証言』Ⅶ）。また「満州」の砲兵隊にいた元兵士は、懇意になった朝鮮人慰安婦から次のように話しかけられたと言う。「ある日、警察と村長さんが家に来て、兵隊さんの衣類を洗ったり、ごはんを炊いたりするだけでいいから、行ってくれないかというのです。二、三年で帰れるという契約でした。それなのにこんなことになってしまって……」（『証言』Ⅶ）。さらに「満州」の部隊に入隊させられた朝鮮人元兵士（在日朝鮮人）

は、「こんなところに連れてこられたことは、私の親は知らない。どうすればいいのか……助けてほしい。私をここから連れ出して！」と懇願されたと言う（『証言』Ⅶ）。もう一つ付け加えれば、スマトラ島にいた土金冨之助は、懇意になった軍慰安婦から次のように訴えられた。「私達は、朝鮮で従軍看護婦、女子挺身隊、女子勤労奉仕隊という名目で狩り出されたのです。だから、真逆《まさか》慰安婦になんかにさせられるとは、誰も思っていなかった。外地へ輸送されてから、初めて慰安婦であることを聞かされた」「今更、悔んだって、嘆いたって仕方のないことだけど、当時は毎日泣きながら過したの。日本の軍隊が憎らしかった」「汚れたこの体はどう見たって昔の私には戻らない。親や兄妹に合せる顔もないでしょう」（「戦争体験記・部隊史に見る『従軍慰安婦』」）。

暴力的連行

李玉粉さんは四人兄弟の一人娘で、家は土地を小作にだし、恵まれた暮らしであった。一九三七年、一二歳の時蔚山へ引っ越して二ヵ月後、近所のお姉さんたちとゴム跳びをして遊んでいるところへ日本人一人と朝鮮人一人が近づいてきて、「あなたのお父さんがチョさんの家で碁を打ってるんだが、あんたに来るようにといってるよ」と言われた。彼女はその言葉を信じて二人についていった。「チョという人の家に連れて行かれ、私は納戸《なんど》に押し込まれました。そこには、私のようにだまされて連れて来られた女の子が、すでに三人いました」「長い間納戸に閉じこめられていたので震えあがり、『アイゴ、おじさん、かんぬきを開けてよ、オモニに会いたいよう』と泣きわめき、大騒ぎしました。すると、男の一人が戸を開けて入ってきて、私のおかっぱの髪の毛をつかんだまま、大きな棒で、背中とお尻をやたらに叩きました。それから三カ月、その部屋に閉じこめられた私たちは、声をあげて泣くこともできませんでした」「後に帰国してチョの家を探して行ってみました。殴りつけて、刺し殺したい思いでしたが、その家はなくなっており、新しい建物がたっていました」。李玉粉さんは監禁された後、釜山から乗船させられ、台湾の「影化慰安所」に売り渡された（『証言』Ⅰ）。誘拐され、長期に監禁されたうえで連行されているのであって、これはまさに暴力的連行と言わねばならない。

金台善さんも暴力的に連行された一人であるが、連行された時の様子を次のように語っている（『証言』Ⅰ）。

一九四四年九月の初めでした。満十八歳の時です。伯父が「最近、娘を連行する人が多いという噂だ」と言いました。そんなある日、伯父が外に出かけて戻ってくるなり、私に早く隠れろといいました。それで屋根裏部屋に上がり、隠れていました。約一週間くらいは、朝ご飯を食べると屋根裏部屋に上がり、午後二時から三時頃まで隠れていました。

その日も隠れていましたが、あんまりお腹がすいたので下りてきて、家族と一緒に昼ごはんを食べていました。ところがちょうどその時、国民服（あるいは軍服）を着た三十代の日本人一人と背広を着た四十代の朝鮮人一人が柴折戸を蹴って入ってきました。（中略）

崔は、私に早くご飯を食べろと催促しました。九月だったので部屋の戸は開いており、私のいた部屋から縁側に腰かけている二人がよく見えました。ご飯を食べ終ると、崔が「金を稼ぎたくないか？　日本に行って一年間だけ工場で働けば、たんまり金を稼ぐことができるから、行こう」と言いました。そのまま私は両腕をつかまれ二人に連れて行かれました。

暴力的連行もこのように詐欺的連行と重なり合っているのが一般的である。

強制連行　暴力的連行は言うまでもなく、詐欺的連行もそれは誘拐に当たるのであるから、しかも連行途中の車中や船中で監視されているのが一般的であるから、強制連行であると言わねばならないし、それは明確な犯罪行為である。現に大審院は一九三七年三月五日、「女性を騙して国外の慰安所に送ることは国外移送目的誘拐罪に当たる」と有罪判決を下している。これは上海で慰安所同様の経営をしていた日本人が、一九三二年、海軍慰安所の拡張を計画し、数名と謀議の上、「日本から女性を雇い入れる事とし、その際、慰安所であることを秘匿し、単に女給または女中として雇うもののようにだまして誘惑し、上海に移送することとした」。そして長崎において「女性一五名をだまして誘拐し、上海に移送した」という事件である（前田朗「国外移送目的誘拐罪の共同正犯」『戦争責任研究』一九号）。

強制連行については、首に縄をかけて引き立てて行く〝奴隷狩り〟がイメージされやすいが、それは奴隷獲得の通俗的イメージであって、奴隷は多種多様なかたちで獲得され、取り引きされた（ただし〝慰安婦狩り〟が行われていたことについては後述する）。池本幸三・布留川正博・下山晃『近代世界と奴隷制』（人文書院、一九九五年）によって、アフリカからアメリカ大陸への奴隷連行、奴隷貿易を見ると、次のごときものである。

白人がアフリカ奥地に乗りこんで奴隷狩りをするというのはあったとしてもまれな事例であって、通常はアフリカ社会が保有・蓄積していた奴隷の一部が、ヨーロッパの奴隷商人に売却された。その奴隷は王国・部族間の戦争による捕虜、強力な国家に対する貢納、飢饉等の際の自己や子供の寄託、債務の担保、あるいは誘拐等によって生じたものである。ヨーロッパの奴隷商人は、鉄棒など各地で貨幣として通用している品物や、ビーズ、アルコール飲料、火器や火薬を持ちこんで、王や首長から奴隷を買い入れ、アメリカ大陸へ転売したのである。アメリカ大陸へ強制連行されたとも言える。なお日本にも古代の奴婢、中世から近世初期にかけての下人《げにん》・所従《しょじゅう》と呼ばれる奴隷が存在したが、これは主として人身売買によるもので、寄託あるいは誘拐によるものもあった。

したがって、いわゆる奴隷狩りに強制連行を矮小化することはできないのであって、軍慰安婦の暴力的連行や詐欺的連行も強制連行に属するのである。性奴隷の概念についても同様のことが言える。

ここで付け加えておけば、朝鮮人慰安婦のすべてが強制連行によるものであると、私は主張するものではない。河君子さんは一七歳の時、朝鮮人の男に勧誘されて中国に行くことにしたが、その途上の京城の旅館には、四〇人余りの女性が集まってきていた。その中にはキーセンや俳優もいた。

忠清道から来たのは、私一人であり、慶尚道から来た人がいちばん多かった。私が、「お姉さん、どこへ行くの、どこの工場なの?」と聞いてみると、お姉さんたちは

「工場へ行くんではないのよ。ネンネなのね。そこへ行ったら、兵隊を見送る声をあげるし、歌も歌う」といい、慰問団だと言った。（『証言』II）

「ネンネなのね」という言葉に象徴されているように、彼女ら（主としてキーセンであろう）は軍慰安婦として中国へ渡ることを承知していたのである。それは朝鮮の新聞、『毎日新報』に「『軍』慰安婦急募」という広告が掲載されたことにも通じていよう。このように承知のうえで軍慰安婦になった人々がいたことは否定しがたいところであるが、日本軍の求める需要に対しては、この方法では大きな限界があり、それゆえに植民地支配を利用した強制連行が盛行したのであろう。

女衒・引率者

詐欺的連行や暴力的連行の主役を果たした者には、巡査や村長（面長）もいたが、強制連行に大きな役割を果たしたのは女衒《ぜげん》・周旋人であった。朝鮮人女性に声をかけたのは、朝鮮人男性の場合が多く、朝鮮人と日本人の二人づれの場合もあった。後者の場合、先述の詐欺的連行にあった李玉粉さんは、「日本人一人とその手先らしい朝鮮人一人」が近づいてきたと言い、また金台善さんに直接指示していたのは朝鮮人であった。また、詐欺的連行をされ、戦後も沖縄に残留したボンギさんも興南で日本と朝鮮の男の二人づれに面し、「朝鮮の男は朝鮮語を解さない日本の男の指図に従い、通訳も兼ねていた」。そして連行途中で日本人は帰ったが、「ボンギさんは日本の男が朝鮮の男にいくばくかの金を渡しているのを目にした」（川田文子『赤瓦の家』筑摩書房、一九八七年）。こうして見てくると朝鮮人女性に直接接しているのは朝鮮人の女衒であるが、その背後には日本人がいて、朝鮮人はその手先の役割を果たしていることがわかる。

前渡し金

ところで女衒などが軍慰安婦を徴達・連行するにあたっての前渡し金の問題であるが、前引したアメリカ軍の「日本軍捕虜尋問報告」には、「二、三百円の前渡し金を受け取った」とあった。また別の「日本軍捕虜尋問報告」によれば、日本人捕虜M七三九（経営者）は、「朝鮮人未婚女性二二人を買い受けたが、彼女らの両親に対する支払い額は、それぞれの性格、容貌、年齢に応じて三〇〇円から一〇〇〇円であった」と証言している（『資料集』100）。これらによれば朝鮮人軍慰安婦の徴達にあたって、前借金や身代金が手渡されていた事例のあったことは否めないが、しかしこれをただちに一般化することはできない。李容洙さんは次のようにして連行されている。友人に呼ばれ母親に何も言わず出かけてみると、国民服を来た日本人の男が、「私に服の包みを渡しながら、中にワンピースと革靴が入っていると言いました。包みをそうっと開けてみると、ほんとうに赤いワンピースと革靴が入っていました。それをもらって、幼心《おさなごころ》にどんなに嬉しかったかわかりません。もう他のことは考えもしないで即座について行くことにしました。私を入れて娘たちが全部で五人いました」（『証言』Ⅰ）。このような事例は李容洙さんに限ったことではない。また、李鳳和さんは男に連れられて家を出る時、「母親がお金がなくて、隣で五銭貸してもらって、お腹が空いたら食べなさいと菓子を買ってくれた」と証言している（『証言』Ⅱ）。ここに挙げたような事例のもとで前渡し金など考えられようか。また、前渡し金があったにせよ、それは一面において被連行者の身柄を確保・拘束するための手段であり、それ自体不当行為である。M七三九の場合は金額も多額で「買い受けた」と言っており、文字通りの人身売買にほかならない。いずれにせよ、前渡し金は強制連行を否定するものではない。

宋神道さんは武漢の軍慰安所ではじめて兵士を迎えたとき、次のような経験をしている（川田文子『皇軍慰安所の女たち』筑摩書房、一九九三年）。

橋本軍曹は、料金を支払ったにもかかわらず神道が応じなかったことを帳場に伝えた。神道は帳場にいやというほど殴られ蹴られた。そして、軍人の相手をするのがいやなら武昌にくるまでにかかった経費をいますぐ返せ、とすごまれた。神道は大田の〝人間ブローカー〟からもコウさんからも一銭も金を借りた覚えはなかったのに、三〇円もの借金を負わされていたのだ。

神道さんは武昌の軍慰安所に売られたのだ。洪愛珍さんは詐欺的に連行され、閉じ込められることになった馬山の「旅館に来て一週間ぐらいたったとき、日本人一人と朝鮮人一人が来て、私をいれて五人の女の子を買った」（『証言』II）と言っている。洪愛珍さんは自分が売られたことを自覚しているのである。売ったのは女衒であろうか。

周旋人の背後にあるもの

女衒に連行された女性は、途中で他の引率者に引き渡されることが多かったが、集合点となる旅館・駅や港には、各所から連行された女性で数十人の集団にふくれ上がることが多かった。ここにもなんらかの組織的な力が働いていると察せられる。朝鮮総督府が所轄していたことを先に推測しておいたが、詐欺的・暴力的強制連行にあたっていた巡査や村長が、朝鮮総督府の配下で動いていたことは間違いあるまい。

京城の陸軍司令部が関与していたことについては、次のような証言がある。アメリカ軍によるビルマにおける捕虜尋問報告書によれば（『資料集』100）、（民間人の慰安所経営者）M七三九と妻と義姉（妹）は、朝鮮の京城で料理店経営者としてかなりのお金を稼いでいたが、商売が不振に陥ったため、より多くの金を儲ける機会を求めて、朝鮮からビルマへ「慰安婦」を引き連れて行く許可を京城の陸軍司令部に申請した。この捕虜の言によれば、その示唆は陸軍司令部から出たもので、朝鮮に在住する何人かの同じような日本人「実業家」に打診された。とある。朝鮮軍の司令部は、「朝鮮からビルマへ『慰安婦』を引き連れて行く」慰安所経営者を積極的にかり集めていたのである。

軍の介在

軍慰安婦の徴達にあたっては、前章でみたように、軍が民間業者を「選定」し、また現地派遣軍・部隊が陸軍省や台湾軍に軍慰安婦の派遣を要請していた。また、朝鮮軍が慰安所経営者を募集していたことも今みたところである。さらに軍は慰安婦の連行にも介在していた。

村の班長の日本人に脅迫的に詐欺的連行にあった黄錦周さんは、次のように証言している（『証言』I）。「私の村では二人が行きました。班長夫人が集合日時と場所を知らせてくれたので、その時間に咸興《かんこう》駅に行きました。咸興駅に行ってみると、いろいろな郡から来た女たちが二十人くらいいました」「駅で五十代の朝鮮人男性が私たちの一行を引率し、日本の軍人に引き渡しました。軍人は私たちを軍用列車に乗せました。軍用列車の他の車両には軍人が乗っていました。一つの車両に私たちの一行と他の女たちも合わせて五十人ほど乗っていました」「汽車の車両の前後には見張りの憲兵が一人ずつ立っていました」。黄錦周さんはこうして吉林《きつりん》駅へ連れて行かれた。

次に、日本人の手先として働いていた朝鮮人男性に詐欺的連行された文必璂さんは、次のように証言している（『証言』Ⅰ）。

数日後の夕刻、その男が家に来て、ちょっと用があるから出てこいと言うので、両親には何も言わずに家を出ました。すると、家から少し離れた人気のない場所にトラックが止められていました。そこには村の派出所に勤務する日本人巡査のタナカという人も来ていました。その二人が私をトラックに乗せて釜山に連れて行きました。家で着ていた黒いチマとチョゴリを着たまま何一つ準備もできずに突然ついて行くことになってしまったのです。

私が連れて行かれた所は釜山の美容室でした。美容室で私の長い髪を切ろうとするので抵抗しましたが、結局切られてしまいました。村から私を連れてきた男はタナカに私を引き渡し、勉強させてやるからよく言うことを聞くようにと言いながら、どこかへ行ってしまいました。（中略）

食堂で朝食をとった後、他の四人の女たちと一緒に釜山駅を出発しました。私たちが乗った汽車には民間人用の車両と軍人用の車両がありましたが、私たちは軍人用の車両の方に乗りました。日本の軍人が私たちを引率していましたが、軍人たちは私たちを別々に座らせて互いに話もできないようにしました。ソウル、平壌、新義州を経て満州に入りました。途中で二回にわたって五、六人の朝鮮人女性を乗せました。

ここでは日本人巡査も役割を果たしていることに注目しておこう。朝鮮人女衒―日本人巡査―日本軍という連携ができているのである。

また、海外に渡った人は、しばしば軍用船に乗せられている。

軍慰安所のある現地につくと、軍によって配属先の慰安所が決められ、軍用トラックなどで送りつけられた。「満州」黒竜江省富錦の通信教育隊にいた元日本兵は、次のように証言している（『証言』Ⅶ）。

朝鮮人女性は、京城駅に二〇〇〇人が集められ、列車に乗せられて、満州の新京に下ろされました。そこで、二〇人から三〇人に分けられ、また列車に乗せられ、各地に送られていきました。チャムスでは、数十人規模で何回も下ろされ、国境地域に配備されました。

富錦バスセンターで、慰安婦の引き渡しに立ちあったことがあります。護送の憲兵から引き取りの憲兵に渡していました。民間の日本人売春業者がついていました。私は、バスで送られてきた二〇人の朝鮮人女性を、慰安所に連れていきました。憲兵も一緒でした。

ここでは憲兵と日本人経営者とが同伴していることが注目される。

また、先に引用した朝鮮軍の勧誘をうけビルマに渡って捕虜になった経営者M七三九の場合、「朝鮮軍司令部は、日本陸軍のあらゆる司令部宛ての書面を彼に渡したが、それは、輸送、食糧の支給、医療など、彼が必要とするかもしれないすべての援助を差しのべるよう、各司令部に要請するものであった」というような、全面的な便宜を朝鮮軍司令部をはじめとする軍から供与されていたのである。

このようにしてうら若き朝鮮人女性が、中国の上海・南京・広東・漢口などや、「満州」、東南アジアのシンガポール、ラングーン、ラバウル、パラオなどをはじめとする各地に連行されたのである。なかにはこれら各地を転売されて、渡り行く人もあった。

中国人の徴達・連行

中国では中国現地人が軍慰安婦としてかなり使役されたものと思われるが、別項で述べる日本軍による暴力的連行を除けば、中国人元慰安婦の証言は得られていない。むしろ日本人元兵士の戦記にそれが散見される。そこに見られる特徴は、日本軍が傀儡《かいらい》組織である治安維持会・自治委員会や村長、あるいは商務会というような中国人有力者に命じて婦女集めを行っていることである。これを詐欺的連行や暴力的連行と区別して、徴発的連行と呼んでおこう。

揚州の慰安所開設について、杉野茂は次のように回想している（『第三師団衛生隊回顧録』）。

軍律厳しき中にも粋《いき》な計らいと言いましょうか、慰安所が開設されることになりました。我が隊からは私が開設委員として派遣されることになり、慰安所は緑揚旅舎という四階建の木造家屋を使用することになりました。建物は中央が四階まで八角の吹き抜きになっており、各階の手摺《てす》り付き廊下からは中庭が一目で見えるようになっており、廊下の奥が各部屋になっていました。

その日から自治委員会の人と一諸《（ママ）》にクーニャン探しに歩き回りました。四十七士になぞらえて、四十七人を求めることにしました。委員会の人はどこにどんな娘が居るかよく知っていました。顔にススを塗って天井裏から降りてくる娘もおりました。昔から美人と言えば、小野の小町か照る手の姫か支那の楊貴妃かと言われたその楊貴妃の生れ故郷の揚州ですから、美麗な子が多かった。

日本軍人をバックにした自治委員会が権力的に軍慰安婦を徴発している様相がうかがわれる。「顔にススを塗って天井裏から降りてくる娘もおりました」というのは、徴発から逃れようとしている女性を強制連行していることを示しているのにほかならない。しかもここでは貧家の女性をねらっているのではなく、美女狩りを行っているようである。

次に譚家壠の独立山砲兵第二連隊の事例を挙げよう（平原一男『山砲の茫作戦』私家版、一九九一年）。

聯隊段列長が両市塘に着任したとき、治安維持会長余光南氏が、前の警備隊長の治安維持会に要求した事項の筆頭に姑娘があったように、小さな警備隊では自らの力で慰安所を経営する能力がないので、中国側の協力に期待することになっており、ある場合には強制という形になっていたのかもしれない。

日本軍は治安維持会に姑娘《クーニャン》の徴達を要求しており、徴達が「強制」になったであろうことを推測している。中支の岳州の警備隊にいた人も、「慰安婦を集めるのは、軍から村の村長に命令が行くわけです。何人差し出せといった具合にです」と証言している（『証言』Ⅶ）。

また、次のような事例もあった。武邑県の宣撫《せんぶ》班にいた人の証言である（西野留美子

『従軍慰安婦』明石書店、一九九二年）。

女を集めるのも、宣撫班である私の仕事でした。近くの町に行けば〝ピー屋〟はたくさんあり、女を集めるのは簡単なことでした。商務会の中国人に頼むのです。私が集めてきた女はみな、中国人でした。民家を接収して慰安所にし、そこに五、六名の慰安婦を置きました。

遊廓から軍慰安婦を徴発してくる場合もあったのである。商務会はそれの格好の仲介人であった。また、前章で紹介した洛陽の場合のように、日本兵が直接に慰安婦狩りを行う事例もあった。

ここであらためて中国における軍慰安婦の徴達・連行、徴発的連行の特徴をまとめておけば、①現地軍が直接に関与し命じていること、②軍が治安維持会等の現地有力者に命令して徴発させていること、③徴発は言うまでもなく強制連行であること、である。直接には主として女衒を使って強制連行させた朝鮮とのこのような差異は、ひとつには植民地支配をしている朝鮮においては女衒等を組織化できる機構が整えられているのに比し、占領地である中国においてはそれは不可能であったこと、もうひとつには朝鮮の軍慰安婦は海外に連行するものであったのに対し、中国においては日本軍が現地利用するためのものであったことによるのであろう。

ただし中国人女性が海外（ビルマ）に連行された事例もあった。その事例については、西野留美子『従軍慰安婦と十五年戦争』（明石書店、一九九三年）に詳述されているのでそれによられたいが、一点だけ指摘しておけば、滞中の日本人が軍の依頼・命令（参謀大佐は集まった経営者を前に、「南方派遣軍総司令部の要請により、支那派遣軍総司令部これを斡旋し……」と唱えた）によって、周旋人を介して中国人女性を買い集め、ビルマに渡って軍慰安所を経営し、さらに拡大していることである。こうした場合には、前渡し金による買い集めが行われている。

軍司令部による大量徴発的連行

一九四四年五月三〇日、「日本軍天津防衛司令部」は天津特別市政府警察局にあてて、次のように通告した。①河南へ軍人慰労のため「妓女」一五〇人を出せ、②期限は一ヵ月、③借金などはすべて取り消し自由の身にする、④速やかにことを進めて、二、三日のうちに出発させよ。これを受けて警察局保安科は、売春業者の集まりである「天津特別市楽戸連合会」を召集し、「妓女」を勧誘させた。日本軍司令部の指示のもと、軍と現地警察局と民間業者が一体となって軍慰安婦の徴達、徴発的連行にあたっていることが明らかである。

勧誘の結果、二二九人が「自発的に応募」して性病検査を受けたが、逃亡するものなどが多く、八六人が軍慰安婦として選ばれた。日本軍は、防衛司令部の曹長が兵士一〇人とともにトラック四台で迎えにいった。しかし八六人のうち半数の四二人が逃亡したという。このように多数の逃亡者がいることは、「自発的に応募」が文書上の偽装であることを示している（『朝日新聞』一九九九年三月三〇日）。

一九四四年に、軍司令部が先頭にたってこのように大規模な徴発的連行を性急に行ったのは、藤原彰氏が言われるとおり、日本陸軍の大陸打通作戦、すなわち海上交通が不可能になったため、朝鮮－満州－中国大陸を通って、タイ、マレー、シンガポールにいたる連絡路をつくろうとする大規模な作戦計画を進めていたことに関連していよう。このために河南に大部隊が動員され、軍慰安婦の派遣が強請《ごうせい》されたのである。

東南アジア・南太平洋における徴達・連行

東南アジア諸国や南太平洋の地域においては、これまで見てきた朝鮮や中国における徴達・連行のさまざまの形態が出そろっていると言える。

まず詐欺的連行であるが、インド洋カールニコバル島の海軍軍属であった河東三郎は、同島へ内地から来た軍慰安婦について、「かの女ら慰安婦の多くは、戦地に行くと無試験で看護婦になれるとだまされてきたのだそうだ。かの女らは看護婦になるつもりで、戦地に従軍してきたらしい」と仄聞《そくぶん》している（『ある軍属の物語』思想の科学社、一九八九年）。また、カリマンタン・タラカンの輜重兵《しちょうへい》第三二連隊の戦中記には、次のように記されている（「戦争体験記・部隊史にみる『従軍慰安婦』」）。

慰安婦は三十名余りおり、その中の一人に源子名《（ママ）》を清子（本名リナー）と名乗る十八才の若い娘を知り、よく遊びに行った。

彼女らはセレベス島のメナドから、東印度水産会社の事務員にすると騙《だま》されて、ガレラに連れてこられ、慰安婦にさせられたそうである。

彼女らの女学生時代のセーラ服姿の写真を見せられたが、日本の女学生と同じ服装で、メナド人はミナハサ族といって色白で、日本人によく似た顔立ちで美人であった。

彼女らは当時としては高等教育を受けた良家の子女達であった。

このように東南アジアでも、徴達された現地で使役されるのではなく、セレベス島からカリマンタン島へ連行されている事例のあることを知り得る。

なお、敗戦後にセレベス民政部第二復員班長によって作成された「南部セレベス売淫施設（慰安所）調書」によれば（『資料集』83）、「実際上婦女の募集並《ならび》に雇傭契約は主として民政部嘱託[redacted]（氏名抹消）（帰還）及《および》実業団員[redacted]（氏名抹消）（帰還）之《これ》を行ひ、各地方施設に配置したり」とあり、詐欺的連行者を含めて、「雇傭契約」「配置」は純然たる民間業者ではなく、軍の監督下にある者が行っていた。

徴発的連行には、『高野部隊ミンダナオ島戦記』（一九八九年）に、「邦人通訳の森山さんの紹介を得て、武石主計少尉が内地から持参した女性用のワンピースの布を持参して、ダバオのボスを訪問し、『慰安婦』六、七名の斡旋を依頼した。一週間後に、ダバオのボスが指定した場所に、食肉受領の帰途、私達のトラックが立寄り、六人の現地人女性を連れて来た」とある。また、インドネシアに帰化した元日本兵タイラ・テイゾウは、インドネシアの週刊誌『テンポ』記者に次のように語っている（大村哲夫「『現地調達』された女性たち」『世界』一九九三年七月）。

> インドネシア人女性が日本軍によって強制的に集められたと言う人がいたら、それは間違っています。彼女たちは普通、現地の村役人を通じて行われた通達によって集められたんです。まず集められて、それから日本軍の司令部へ連れて行かれたんです。ですから、もし強制があったとすれば、それはインドネシア人自身によって実行されたことになります。（一九九二年八月八日号）

これは日本軍弁護論として語られているのであるが、「現地の村役人」を通じての徴発がかなり普遍的に行われていた事実を明らかにしている。ただこうした事態が、日本軍による現地村役人への事実上の命令・強制なしには行われないであろうことを、タイラは見落としている。

暴力的連行――フィリピン

東南アジア諸国では暴力的連行、しかもそれは日本軍による直接的な暴力的連行も盛んに行われていた。プロローグでも度々紹介したフィリピンのマリア・ロサ・L・ヘンソンさんも暴力的に連行された一人である。しかも彼女は暴力的に連行される以前に、生理もまだない一四歳の時、日本軍の将校と兵士から二度も強姦されている。その後彼女は抗日ゲリラ組織フクバラハップ団に参加し、一九四三年四月のある日、組織の指示があって男性ゲリラ二人と一緒に近くの町へ行くことになり、検問所を無事通過したが、しかし検問所を通り過ぎると彼女だけが戻ってくるように合図され、警備兵によって日本軍の司令部兼駐屯地に転用されていた建物の二階に連行された。その夜は何も起こらなかった。

その翌日、自分がたくさんの兵隊たちに性の相手をしなければならないのだと知りました。最初に一二人の兵隊がたてつづけにレイプしました。それから三〇分くらい間があり、またもや一二人の兵隊です。私はひどく出血し、身体がめちゃめちゃに傷つけられたと感じました。翌朝には、立ち上がることすらできませんでした。

一人の少女が朝食を運んでくれました。彼女に質問したかったのですが、警備兵がさえぎり、言葉さえ交わせません。食事は喉を通りません。性器が腫れ上がっているのでしょう、痛くてたまりません。ひとり、泣いて泣いて泣き続け、母の名を呼びました。日本軍に殺されるかもしれません。抵抗しようがありませんでした。

昼の二時から夜の一〇時まで兵隊たちが行列をつくって私をレイプする日々が始まりました。他の六人の少女の部屋にも、兵隊たちが行列をつくっていました。

彼女の監禁されていた慰安所は、後述する強姦所に含まれるのかもしれないが、週一回の日本人医師による検診があった。その医師も検診した後レイプしたのだが。

レメディオス・ヴァレンシアさんもヘンソンさん同様、偶発的に暴力的連行にあい、同じような扱いを受けた一人である。証言を聞こう（『証言』Ⅲ）。

一九四三年の十月ごろ、マニラのパコ市の市場で魚を売っていたとき、三人の日本軍兵士に手を引っぱられて抱きかかえるようなかっこうで、近くの空き家に連行されました。そこはニッパヤシで造ったような建物で、十二平方メートルくらいの広さの家でした。一人の兵士が何か言った後、他の兵士は外に出ていきました。そこで、一人の兵士に強かんされました。そのとき、市場で働いていて別の兵士グループに連行された女性もいました。

その後、うしろに堅い座席のあるトラックで、マニラ市内のダコタ地区にある大きな家に連れていかれました。その家は二階建てで、一階は大きな応接間で三十平方メートルくらいあり、二階は、ベッドを一つおけばあまり余裕もないくらいの部屋が四つありました。そこには、テルミという名前の日本人女性がおり、四人の若いフィリピン女性もいました。テルミは、二十八歳くらいで、私より少し背が高く一五五センチメートルくらいで、その家の一階に住み、食事の世話や医者を連れてくるなど、その家を管理していました。また、日中は、民間の日本人男性が二人ほどいて、私たちを監視していました。家には鍵がかかっていましたが、部屋にはかかっていませんでした。その家があった場所は、現在マニラ動物園構内の入り口付近です。そこでは、毎日のように、一日六人から多いときは十五人くらい、兵士の性行為の相手をさせられました。食事のときだけ下の部屋に行き、あとは、大体二階にいました。他の四人のフィリピン女性も同様でした。性行為に対してはお金や物をもらったことはありませんが、医師による性病検査が毎週土曜日にありました。兵士たちはほとんどコンドームをつけていなかったのです。あるとき、兵士が外に連れだそうとしたので抵抗したところ、銃剣で右足のすねの部分を刺されました。今でもそのあとが残っています。

元日本軍兵士の回想記の中にも、このような暴力的連行があったことが知られる。除野信道「ミッドウェーの以前と以後」（『戦争体験記・部隊史にみる「従軍慰安婦」』）には、次のように記されている。ニューブリテン島ラバウル郊外のカビエンでのことである。

〔一九四三年〕二月五日、慰安所の店開きをするからという案内が設営隊からあった。招かれた者は駐留各隊の幹部士官。丘の上に無造作につくられた建物に集まった。その中には命からがらラエから退いてきた呉第三特別陸戦隊の崎谷武男もいた。女性は三十人弱。大部分は水商売の前歴者であったが、「こんな前線に出されるとは……」とこぼしていた（彼女らに恩給支給すべしとの提案を期待する）。なかには朝鮮から回されてきた者もあった。また日本語が喋れない小娘もいた。英語と中国語を交互に使って事情を聞くと、「ペナンで夕方の外出禁止命令を知らずに街を歩いていたら、逮捕されここに入れられた」と涙をこぼした。良家の子女のようだったが、戦争の爪跡はこういうところにも及んでいるかと思うと、酒も不味《まず》くなった。

このような個別的・偶発的な暴力的連行とは別に、集団的・組織的な暴力的連行も行われた。インドネシア東部のアンボン島における「慰安婦狩り」の体験を、禾晴道『海軍特別警察隊』（太平出版社、一九七五年）が紹介している。アンボン島では、四四年八月の大空襲で残されていた現地人慰安所も解散したが、海軍司令部から再興しようとの話が出、慰安婦集めの作戦が練られた。その場合、「アンボン島と周辺の小島から、多くの慰安婦を集めようとすれば、慰安婦志望者だけでは少ないだろうし、多少強制でもすれば住民の反日感情を高めて、治安上おもしろくないことが起きはしないだろうかという心配の点が中心になるだろうと思われた」。結局、「早急に対象となる女性のリストを作って、本人に交渉する。ある程度の強制はやむをえないだろう」ということになった。現地人警察官を動員して「慰安婦狩り」が行われた。警察の指導にあたっていた木村司政官は、敗戦後、次のように話していた。

暴力的連行――インドネシア

あの慰安婦集めでは、まったくひどいめに会いましたよ。サパロワ島で、リストに報告されていた娘を集めて強引に船に乗せようとしたとき、いまでも忘れられないが、娘たちの住んでいた部落の住民が、ぞくぞく港に集まって船に近づいてきて、娘を返せ!!　娘を返せ!!　と叫んだ声が耳に残っていますよ。こぶしをふりあげた住民の集団は恐ろしかったですよ。思わず腰のピストルに手をかけましたよ。思い出しても、ゾーッとしますよ。

カリマンタン（ボルネオ）島西部のポンティアナック市における海軍派遣部隊の「慰安婦狩り」の実態も明らかにされている。オランダ軍の戦犯裁判関係の報告書によれば、おおよそ次のようなものであった（大村哲夫「『現地調達』された女性たち」）。

同市では一九四三年前半に派遣隊長が在留日本人の蓄妾《ちくしょう》禁止令を出すとともに、日本人と性的関係のあった現地人女性全員を強制的に慰安所に囲いこむことを命令した。まず日本企業と民政部に勤めていた女性たちが海軍特別警察隊に出頭を命じられた。ある者は全裸にされて日本人との関係を認めるように責めさいなまれ、またある者は路上で特警隊に逮捕され、屈辱的な検診を強制された。

こうして特警隊によって集められた女性たちは、海軍軍人用（三ヶ所）と民間人用（五ヶ所あるいは六ヶ所）の慰安所に振り分けられ、海軍慰安所は海軍派遣部隊が直接に運営し、民間用は南洋興発株式会社に運営が任された。慰安所は鉄条網で囲まれていて、女性は特別の許可がなければ外出することができず、逃亡を図った女性の母親が報復のため特警隊によって殺されたこともあったという。

この事件については、現地にいた日本人商社員井関恒夫が、その著書『西ボルネオ住民虐殺事件』（不二出版社、一九八七年）で同様の指摘をしており、オランダの調査報告とも合致している。

インドネシアで「慰安婦狩り」されたうえ、シンガポールに連行された事例もある。林博史「シンガポールの日本軍慰安所」には、次のように記されている。

当時、「昭南博物館」にいたコーナー氏は、一九四四年四月までに新しい問題が起こり、それが何か月も続いたとして次のような出来事を記している。それはインドネシアで日本軍が村々を襲って労務者狩りをおこない、そこで集められた男女が船でシンガポールに運ばれてきた。その輸送の途中あるいは到着後もたくさん死んだ。そうして連行されてきた人たちの中で、「女性については、若くてきれいだと、カトンの近くにある兵営に売春婦として送られた。そこで、彼女たちが『助けて、助けて』（マレー語）と助けを求めて泣き叫ぶ声は、通行人の心を引き裂いた」と記している。

暴力的連行――オランダ人

インドネシアの植民者であったオランダ人は、日本軍によって捕虜収容所に閉じこめられた。そのオランダ人女性も軍慰安婦にさせられた。オランダ政府は、一九九四年一月、「日本占領下蘭領東インドにおけるオランダ人女性に対する強制売春に関するオランダ政府所蔵文書調査報告」を公表したが（『戦争責任研究』四号）、それによると、「慰安所で働いていた二〇〇〜三〇〇人のヨーロッパ人女性のうち六五人は売春を強制されたことが絶対に確実である」としている。この六五人の数値の根拠は明らかにされておらず、調査者が慎重な態度をとり過ぎているのではないかと思われるが、それはともかくかなりの人数のオランダ人が「強制売春」に従事させられていたことを認めている。さらに次のような指摘を行っている。

一九四三年半ばから一九四四年半ばにいたる期間、慰安所ではたらく女性を集めるために陸軍や憲兵隊が直接的に実力行使する事例が目立って多くなる。初期の頃の売春周旋屋による説得、威嚇、間接的な脅迫などの圧力とはかなり様相が異なってくる。そして、この頃になって陸軍と軍政部が日本人・朝鮮人業者の助けをかりて、みずから慰安所の設置に主導権をとるようになった。

オランダ人に対する「強制売春」、すなわち暴力的強制連行の具体的様相を知るために、ジャンヌ・オヘルネさんの証言に耳を傾けよう（『証言』Ⅳ）。アンバラワ収容所に、母と二人の妹と一緒に入れられていたオヘルネさんは、一九四四年二月、日本兵が大勢トラックで到着し、「一七歳以上の独身女性は中庭に整列しろ」という命令が出され、その長い列に加わった。日本兵は、「上から下までじろじろ見て、お互いに笑ったり、私たちの誰かを指さしたりしていました」。そして一〇人の少女が指名され（後に六人が追加される）、オヘルネさんもそれに入れられた。「女性たちの泣き声や叫び声が聞こえてきました。勇敢に日本人にはむかい、私たちを取り戻そうとしているのです」。オヘルネさんたちは無理やりトラックに乗せられて連行され、大きな家に入れられた。翌日みんなが集められ、日本兵から、「日本人の性の慰みのためにここにいるのだと」説明された。「私は恐怖で全身が震えました」。やがて日本人が大勢来て、抵抗する少女たちをそれぞれの部屋に閉じこめ、あらんかぎりの抵抗をするオヘルネさんを将校が押さえこんで強姦した。引き続き数人に強姦され、そのような日々が続くことになった。「日本人に強姦される度《たび》に、私は必ず抵抗しました。激しくもみあうことなく、私を強姦できた日本人は誰一人としていませんでした。しょっちゅう殺すぞと脅かされ、何度もひどく殴られました」。

日本人は「私から何もかも奪い去りました」「しかし彼らが絶対私から奪いとることができないものが、一つありました。私の信仰、神への愛です」「残虐で野蛮な日本人から受けた苦難をすべて乗りきれたのは、私に深い神への信仰があったからです」。

以上、日本軍の暴力的強制連行によって軍慰安所に封じこめられた事例を見てきた。こうして見てくると日本軍による暴力的強制連行は東南アジア諸地域においてより顕著であったことが知られる。

応募

女性が自ら進んで軍慰安所に応募してくる場合もあった。次の事例からも、売春経験者が多かったものと思われる。前章で日本軍のシンガポール占領後、軍慰安婦募集の新聞広告が出されたことを紹介したが、林博史「シンガポールの日本軍慰安所」はさらに軍慰安所開設時（二月二七日）の模様について、小隊長だった総山孝雄の証言（『南海のあけぼの』）を紹介している。

軍司令部の後方係りが、早速《さっそく》住民の間に慰安婦を募集した。すると、今まで英軍を相手にしていた女性が続々と応募し、あっという間に予定数を越えて係員を驚かせた。難攻不落のシンガポール要塞を陥落させた日本軍の将兵は、今や住民の女性たちの憧れの的であったから、「日本兵のお相手ができるならば」と喜々として応募し、トラックで慰安所へ輸送される時にも、行き交う日本兵に手を振って愛嬌を振りまいていた。ところが慰安所に着いてみると、彼女らが想像もしていなかった大変な激務が待ち受けていた。

その「激務」というのは慰安所の各部屋に大勢の兵士が列をなして押しかけ、「英軍時代には一晩に一人ぐらいを相手にして自分も楽しんでいたらしい女性たちは、すっかり予想が狂って悲鳴をあげてしまった。四、五人すますと、『もうだめです。体が続かない』と前を押さえしゃがみこんでしまった。それで係りの兵が『今日はこれまで』と打切ろうとしたら、待っていた兵士たちが騒然と猛り立ち、撲り殺されそうな状勢になってしまった。恐れをなした係りの兵は、止むをえず女性の手足を寝台に縛りつけ、『さあどうぞ』と戸を開けたという」。

ここに日本軍慰安所の、あるいは慰安所たるゆえの特異性が示されていよう。

軍慰安所経営と軍の管理

軍慰安所経営について、ここでは主として軍慰安所経営者についてみておきたい。軍慰安所には軍直営のものと、民間人業者の経営によるものがあったことはつとに指摘されているところである。それらについて立ち入って検討しておこう。

軍直営

麻生徹男『上海より上海へ』は、「上海軍工路近くの揚家宅に、軍直轄の慰安所が整然とした兵営アパートの形式で完成した」「これに呼応して民間側にても、江湾鎮の一角に数軒の慰安所が開設されるようになった」と記している。軍直轄のものは前述した女衒《ぜげん》によって狩り集められた日本人・朝鮮人によるもの、後者は玉の井などの業者が引率した娼婦によるものであったろうか。また、在南京総領事館の一九三八年（昭和一三）四月一六日付の「在留邦人の各種営業許可及《および》取締に関する陸海外三省関係者会同決定事項」には、「陸海軍に専属する酒保及慰安所は、陸海軍の直接経営監督するものなるに付、領事館は干与せざるべき」とする文章が掲示されている（『資料集』32）。南京では軍慰安所は陸海軍が直営していたのである。さらに、常州の独立攻城重砲兵第二大隊長の一九三八年一月二〇日付の「状況報告」には、「慰安設備は兵站《へいたん》の経営するもの及軍直部隊の経営するもの二ケ所あり」と記されている（『資料集』39）。この場合の「経営」という言葉の意味するところは判然としないが、軍直営の可能性もあろう。このように上海や南京等の大都市においても、中国戦線初期に設けられた軍慰安所には、軍直営のものが多かったのである。なおセレベスにおいては、「売淫施設に関する調査報告」によれば、「責任者」として多くの「一般邦人」に混じって、「陸軍中佐」と「海軍大将」がおり、それには「部隊において経営す」と記され、また「糧食、衣服、寝具、食器類、水道料、使用人の給料等一切部隊の負担とし」とも記されている（『資料集』83）。

軍直営の慰安所は、前線基地や辺地に多かったのではないかと思われる。漢口から二日ほどかかる農村の軍慰安所にいた易英蘭さんは、「必要な金があれば、主人に頼んで使った。一月に一度ずつ金を貰った。主人は二人とも軍人だったが、三、四〇代だった。管理する女はいなかった」と証言している（『証言』II）。この慰安所は明らかに軍直営である。元日本兵の証言からも軍直営の慰安所の存在が知られる。長江上流の岳州（岳陽）にいた元日本兵は、「ここの慰安所は、完全に軍が管理していました。私は、慰安所の受付をしたことがあります。入り口で、兵隊たちに部屋の番号票を渡しました。なかに入ると兵隊は、料金の軍票を入り口横の窓口にいる主計兵に渡します」と証言している（『証言』VII）。証言集会において和田健男氏は、第一一六師団の大隊長として江作戦に参加したが、一九四五年に第一線で戦っていた時に師団の参謀から慰安所を設置するようにとの命令がおり、副官が慰安婦を手配した。大隊に三〜四人の軍慰安婦がいたが、中国人の有力者を介して孤児などを集めた。民間人の経営ではなく、軍直轄の慰安所だった、と証言している。また南洋方面では、パラオのコロールにいた元兵士が、「内地の慰安所は業者の管理でしたが、南洋の場合は、明らかに軍が管理していました」と証言している（『証言』VII）。

前節でみた占領地の治安維持会や村長など現地有力者に命じて軍慰安婦を徴発した場合や、軍が直接に暴力的連行した場合には、軍直轄の経営であったと想像される。現にニューギニアにいた元兵士は、「ここの慰安所にいた慰安婦は、現地のインドネシア人女性です。一〇人以上いたと思います。女性を駆り集めたのは軍で、無料慰安所でした。慰安婦たちが拘束されていたかどうかはよくわかりませんが、部隊が管理していたことは確かです」と証言している（『証言』Ⅶ）。

民間人業者　民間人業者の大半は、日本人および朝鮮人であった。日本人経営者は、日本人、朝鮮人、中国人、東南アジア諸国民と手広く軍慰安婦を扱っていたのに比し、朝鮮人経営者は朝鮮人慰安婦を扱っていたと考えられる。

ここで中国における民間業者の国別数値、および軍慰安婦の数について、判明するわずかの事例を示せば次のとおりである。まず、一九三九年（昭和一四）の九江の「在留邦人職業別人口統計」から軍慰安所関係者を取り出せば表(1)のごとくである（『資料集』54）。同年の南昌では表(2)のごとくである（『資料集』58）。

国別慰安所・慰安婦数(1)　九江

	内地人	朝鮮人
慰安所	一一戸六六人	一二戸三九人
特殊婦人	一二五人	一〇四人

国別慰安所・慰安婦数(2)　南昌

	内地人	朝鮮人
特種慰安所	三戸八人	八戸五〇人
同就業特種婦人	一一人	一〇〇人

九江では日本人と朝鮮人とが拮抗《きっこう》しているが、南昌では朝鮮人が大きく上回っている。なおこれは「在留邦人」についての調査なので、「特殊婦人」には他に中国人もいたであろう。

参考までに南京とその周辺都市の、一九四二年（昭和一七）一二月における軍慰安婦の検診の延人員を国別に示せば、次のようになっている（『資料集』60）。

日本人　八五一一人
朝鮮人　一五九人
中国人　九二一一人

ここでは日本人と中国人が多いのが注目されるが、日本人はほぼ南京に集中している。

朝鮮人元慰安婦の証言では、中国などの現地へ引率してきた日本人や朝鮮人が経営者となっている場合が多いが、すでに軍慰安所を開業している経営者のもとに引き渡された者もいた。朝鮮の興南から沖縄へ連行されたボンギさんの場合には、途中、大勢の女たちと共に釜山の旅館に泊められたが、「その大きな旅館はコンドーという五十歳位の日本の女衒の貸切りで、他の泊まり客たちはいっさい入れていなかった」。那覇へ着くと、「そこで五十一人の女たちの最終的な行き先が決められた」。ボンギさんは渡嘉敷島行きであった。

「采配を振るったのは、門司に残ったコンドーから女たちを引き継いで沖縄に連れてきた男である」「この四人の男たちは、後に慰安所が開設されると〝帳場〟として女たちを支配した」。渡嘉敷島の帳場はカネコであった。米軍の来攻で避難した時も、「カネコは、慰安所時代に女たちを使って稼いだ金をトランクに入れ、大事そうに持っていた」「ボンギさんら五十一人の女たちがはじめて沖縄の地を踏んだ時、女たちに『おやじ』とか『おとうさん』と呼ばせていた慰安所の元締めがいた」（川田文子『赤瓦の家』）。この元締めが経営者・民間業者であり、帳場はその手代であろう。

経営者には外地へ行って一儲《ひともう》けをもくろむ、あるいは荒稼ぎをねらうものが多かったであろう。「一九四二年（昭和十七年）のある日、（井上）菊雄は顔馴染みになった慰安所経営者から、『ビルマで一緒に慰安所をやらないか』と持ちかけられた。南方に行けば儲かる。考えた末に彼は、上海駐屯軍の慰安所経営者募集に応募することにした」（西野留美子『従軍慰安婦と十五年戦争』）。また幸江夫妻と姑《しゅうとめ》は広東で軍用食堂「あごすけ」を営んでいたが、陸軍参謀に依頼（事実上の命令）され、幸江夫妻はビルマで軍慰安所を経営することになった。「幸江夫妻の慰安所経営がようやく軌道に乗ってきた頃、参謀は再び慰安婦の増員をもちかけてきた」。そこで夫が中国に女を集めに行くことになった。「さっそく中国に渡った夫は、その足で『あごすけ』に寄った。息子からビルマでの生活を聞いた母は、今度は息子と一緒にビルマに渡ろうと決心した。食堂を売ったそのお金と夫の所持金を合わせ、中国人女性三十人を何とか買い集めた」。姑はもう一旗上げようとしたのである（西野・同前）。また前に紹介した捕虜となったM七三九は、「より多くの金を儲ける機会を求めて」ビルマに渡り、軍慰安所を経営したのであった。

軍の慰安所管理

ここで扱うのは、民間業者の経営する軍慰安所に対する軍部の管理である。広東省中山に駐留していた独立歩兵第一三旅団中山警備隊は、食堂である第一軍人倶楽部《クラブ》と慰安所である第二軍人倶楽部を有していたが、一九四四年五月に定められた「軍人倶楽部利用規定」には次のように規定されている（『資料集』64）。

第三条　部隊副官は軍人倶楽部の業務を統轄監督指導し、円滑確実なる運営を為《な》すものとす。

第四条　部隊附医官は軍人倶楽部の衛生施設及《および》衛生施設の実施状況、並《ならび》に家族・稼業婦・使用人の保健、調理・献立等の衛生に関する業務を担任す。

第五条　部隊附主計官は軍人倶楽部の経理に関する業務を担任す。

部隊はこのような副官・医官・主計官による軍慰安所の管理機構を備えていたのである。

そして経営者は従業員一覧、従業員の履歴書、接客婦（芸妓および酌婦）認可申請書を兵站将校に提出することになっており（『資料集』103）、このようにして軍部は軍慰安婦を掌握していたのである。ただこのような形式が整えられていたのは、比較的規模の大きい部隊で、機構的に整備されていたところであろう。

軍部の慰安所管理の中枢をなしていたのは、今掲げた「医官」の任務として明示的には示されていないが、軍慰安婦に対する性病検診であった。ただしそれについては前述したところである。また軍慰安婦に対する管理としては、軍が直接に、慰安婦の散歩の時間や区域を指定したり（『資料集』70）、「兵站将校の許可なく指定地域から離れてはならない」（『資料集』103）と定めているところもあった。ただこれはたまたま規定が残されているところに見えるものであって、明示的なあるいは不文律の規定としてさまざまな統制が加えられていたであろう。

軍による慰安所管理のひとつの柱は、将兵の慰安所利用の時間および料金についてであった。一例として、フィリピンの南地区の規定を表に示そう（『資料集』103）。

この表からも明らかなように、「原則として下士官および兵の終夜利用は許されない」のである。この利用時間・料金の体系は、軍隊内のヒエラルヒー的秩序にしたがって定め

南地区舎営内の慰安所規定料金

階級	時間	料金 日本人	料金 朝鮮人	料金 中国人	備考
将校・准士官	一時間	三円	三円	二円五〇銭	1　軍属はそれぞれの身分に応じて所定料金を支払うものとする。 2　客は上記料金を超える額を慰安所経営者または慰安婦に支払ってはならない。
	終夜利用 二四時から 二二時から	一〇円 一五円	一〇円 一五円	七円 一〇円	
下士官	一時間 三〇分	二円五〇銭 一円五〇銭	二円五〇銭 一円五〇銭	二円 一円	
兵	一時間 三〇分	二円 一円五〇銭	二円 一円五〇銭	一円五〇銭 一円	

営業時間は下記のとおりとする。
兵　一〇時から一六時まで。
下士官　一六時一〇分から一八時四〇分まで。

られており、その秩序を維持する役割を果たしたのである。なお料金は前払いで、「経営者は、慰安所の利用客に、軍票と引き換えで『慰安券』を渡し、接客婦が受け取った『慰安券』を記録するものとする」（『資料集』103）のが一般的であったが、「料金は慰安婦に渡すこと」（『資料集』69）としているところもあった。また、慰安婦に接するにあたっては、「不用意の言動を慎み防諜《ぼうちょう》に注意すること」が強調され、さらに慰安所内の秩序を維持するために酒気を帯びた者の入室および飲酒を禁じている。

次に経営者と軍慰安婦との関係については、マニラの軍慰安所で、「接客婦（芸妓および酌婦）のための食料費、照明費、薪炭《しんたん》費および寝具費は、経営者の負担とする。接客婦は、衣服費、整髪費、化粧品代等を自己負担でまかなうものとする」と規定され、また、「接客婦の収入の半分は、経営者に配分される」と規定されている（『資料集』103）。なお軍によっては経営者に注意を促すところもあった。「マニラの慰安所に関する憲兵隊の報告」には、「従業員の健康を維持するためには、浴室についての気配りと、食堂の清潔維持の面における改善が必要であろう。多くの経営者は、自分自身の利益のことにしか関心がなく、それ以外の目的は何ももたずに営業している。彼らは、芸妓、女中、酌婦の福利厚生にはまったく関心を示さず、彼女たちの健康や暮らしにも、また、入浴設備といったようなことにも意を用いていない。彼らの利己的行為は抑制する必要がある」とある（『資料集』103）。ここでは自己の利益をはかることに専念する経営者の姿が浮き彫りにされているると同時に、軍の経営者に対する抑制が衛生施設という外面にしか及んでいないことが示されている。軍慰安婦の健康維持・衛生管理は軍の利害にもかかわることであった。

軍と民との癒着　漢口の軍慰安所は、難民区の中の積慶里の一郭に、慰安所街をなしてあった。建物は煉瓦造りの中国人家屋を改造したもので、前線のバラック建てのアンペラ小屋（イグサ様の材料の粗末な小屋）とはだいぶ趣を異にしていた。漢口兵站司令部の慰安係長に就任した山田清吉は、就任すると積慶里の慰安所について「粛正」を行った。それは次のような内容であったという（山田清吉『武漢兵站』図書出版社、一九七八年）。

借金返済の原簿である個人別の水揚帳なども、何か理由のわからない時貸《ときが》しがあったり、ひどいのは兵站から公定で配給した敷布や寝巻類まで、地方の時価で書きこんであったりする。そういう点を問いつめると、まったく申開きのできない楼主もいた。そこで今後は、水揚帳はすべて兵站経理の証印をうけさせることにした。楼主と慰安婦の稼ぎ高の配分は、食費及び一切の営業諸掛りは楼主の負担とし、借金のあるものは六分四分、借金のないものは折半することに定められていたように思う。

楼主は私のやり方にはじめはブツブツ陰で不平を言っていたらしいが、水揚帳の不正や経理の杜撰《ずさん》を具体的に指摘され、さらに不適格者の営業をやめさせると厳しく言渡したので、しぶしぶ兵站の指示に従わざるをえないことになった。この先制攻撃は、結果的に大いに効果があったように思われた。

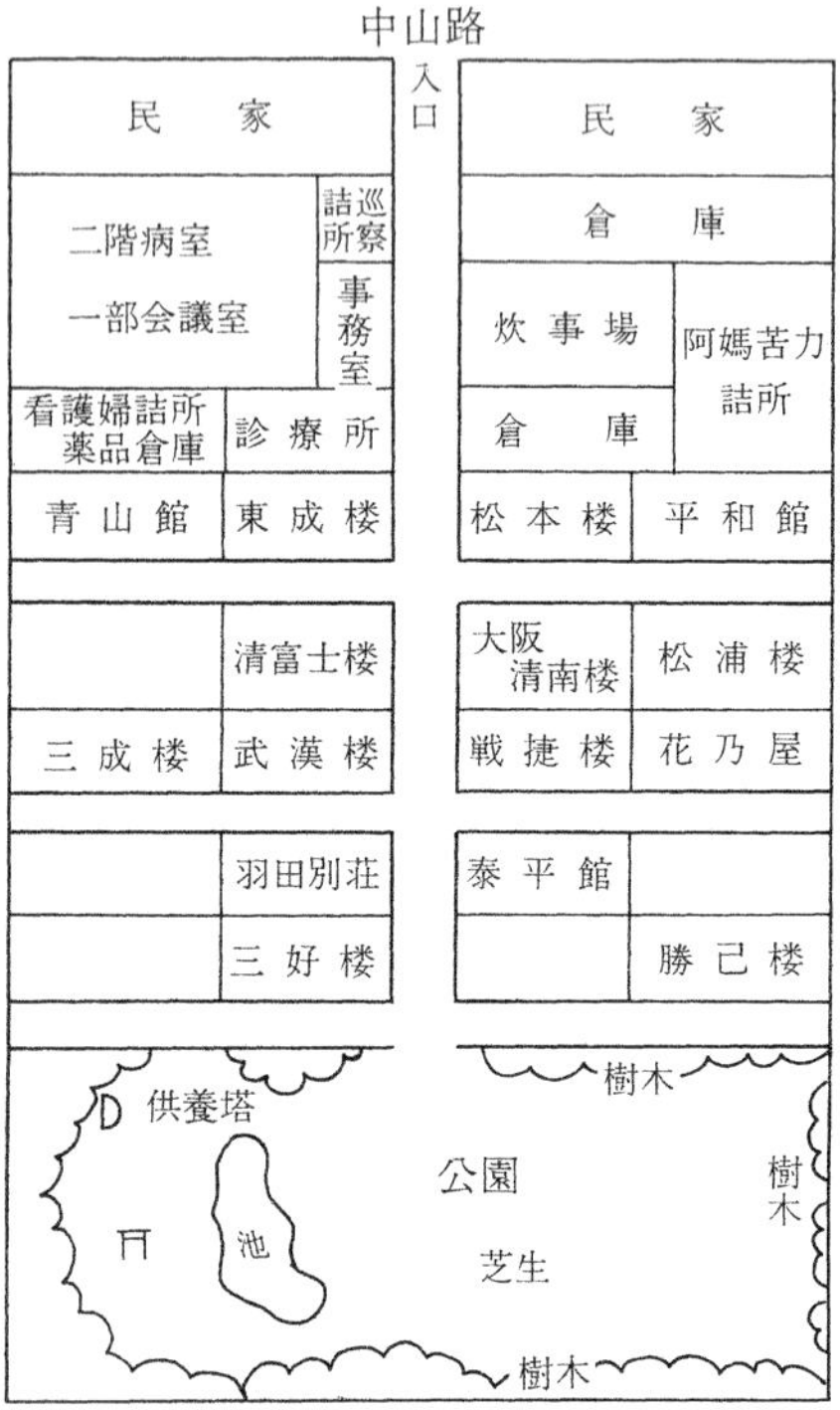

漢口積慶里の慰安所街

（山田清吉『武漢兵站』図書出版社，1978年）

こうして漢口の軍慰安所は、いわば「模範」的な慰安所となっていくのであるが、それは山田清吉という一種の「人格者」（しかし氏は軍慰安婦を「戦場の花」と肯定的にとらえている）の個人的才覚に俟《ま》つところが大なのであって、これを一般化することはできない。山田によって「粛正」が行われたということは、それ以前には兵站が民間業者の不正を黙認するなり、軍（将校）と業者とが癒着していたことを意味する。軍と業者との癒着は十分に想像することができるところである。漢口兵站は積慶里の慰安所と別に数軒の将校料亭を持ち、また軍司令部は副官部直轄の高級料亭を持っていた。「軍の上層部とこうした料亭との癒着があったことは否めないようである」と山田も書いている。

軍慰安婦の使役

詐欺的連行や徴発的連行によって軍慰安所へ入れられた女性は、次のような事態に遭遇することになる。山口時男軍医の日記（長江中流域董市付近五童廟）には次のように記されている（『戦争責任研究』創刊号）。

管理強姦

八月十一日（晴）

朝から頭痛をおして、医務室でポカンとしているといつのまにか午前十時。今日は先日来話があった、徴発Pの身体検査があると思うと全くいなになる。段列から「準備ができた」と電話がかかって来る。耳鏡、綿棒、聴診器、クレゾール石鹸液、携帯《けいたい》嚢《のう》などを持って馬で行く。山下さんは宣撫《せんぶ》班長として「責任がある」と言ってついて来る。世話好きで、その上こういうことが誰よりも好きな人である。

（中略）

さて、局部の内診になると、ますます恥ずかしがって、なかなか褌子（ズボン）をぬがない。通訳と維持会長が怒鳴りつけてやっとぬがせる。寝台に仰臥位にして触診すると、夢中になって手を引っ掻く。見ると泣いている。部屋を出てからもしばらく泣いていたそうである。

次の姑娘《クーニャン》も同様で、こっちも泣きたいくらいである。みんなもこんなに恥ずかしいことは初めての体験であろうし、なにしろ目的が目的なのだから、屈辱感を覚えるのは当然のことであろう。保長や維持会長たちから、村の治安のためと懇々と説得され、泣く泣く来たのであろうか？。


徴発されながらも、性的奉仕をさせられるなどと思っていない姑娘が、まず局部検診という恥ずかしめをうけたのであり、姑娘が強い拒絶感を示すのは当然であろう。なおここにも、中国における治安維持会長や保長を介した徴発的連行の内実が示されている。

軍慰安所ではどういうことが起こっただろうか。「満州」の吉林近くの軍慰安所に連行された黄錦周さんは次のように証言している（『証言』Ｉ）。「満州」の軍慰安所・慰安婦の様相がよくわかるので、長くなるが引用しよう。

トラックが着いた場所には民家のようなものは一切なく、軍隊の幕舎〔テント〕ばかりが見える果てしなく広い部隊の敷地内でした。私たちは「小屋《こや》」と呼ばれるたくさんの幕舎の一つに荷を解き、その日の睡眠をとりました。ブリキで丸く建てられた小屋の床には板を敷き、その上に畳を被せてありました。

毛布一枚と刺し子の布団一枚を支給されました。とても寒かったので、私たちは互いに抱き合って寝ました。私は「ここで軍人の食事の世話や洗濯をするのだな」と思いました。その小屋には私たちより先に来ていた女が何人かいました。彼女らは「あんたらももう終わりね。かわいそうに」と言いました。「私たちは何をするの？」と尋ねると「仕事は仕事だけど仕事じゃない。しろと言うとおりにするしかないよ。へたしたら殺される」と言うのでした。

翌日、軍人たちが来て女たちを一人ずつ連れて行きました。私はある軍人に連れられて将校の部屋に行きました。将校は寝台の横にいて、近くに来いと言いながら、抱き寄せようとしました。私がいやだと言うと何故《なぜ》かと問い返しました。「洗濯や掃除ならやります」と言うと、そんなことはしなくていいと言いながらまた抱き寄せようとしました。それでも振り切ると両頬を叩かれました。私が助けて下さいと頼みこむと、とにかく言うことを聞けと言われました。私は死んでもそんなことはできないと言いました。将校がチマを強く引っ張ったので、チマは肩紐《かたひも》だけ残して引き裂かれてしまいました。その時私は黒いチマに白のチョゴリを着て、髪を長く編んでいました。チマを引き裂かれ下着姿になってしまった私はそれでもいやだと言って座り込みました。将校は私のおさげ髪を引っ張って立たせ刀で下着を引き裂きました。その時私は気を失ってしまったのです。しばらくして気がつくと、将校は向こうの方に座って汗を拭き、服を着ているところでした。兵士が来て私をまた連れて出ました。私は下着を拾い、チマを抱きかかえて泣きながらその部屋を出たのです。痛くて歩くのもやっとでした。先に来ていた女が「ほらごらん、私らは生きてここから出て行くことはできないんだよ」と言いました。

半月ほどの間は一日に三、四回ずつ将校たちに呼ばれました。来たばかりの女は新物ということでしばらくの間将校の相手だけをさせられたのです。将校たちはサックを使わないので、この期間に妊娠した女がたくさんいました。妊娠したことにも気付かずに六〇六号の注射を受けると、体がむくみ寒気におそわれ下血しました。すると病院に運ばれて医者が子宮の中を掻爬《そうは》します。このように三、四回掻爬すると、もう妊娠できない身体になりました。

約半月後、その小屋に荷物を置いたまま慰安所に行くことになりました。慰安所は木造の簡単な建物で、板材で五、六部屋に隔てられていました。戸は毛布を破いたものが下げられているだけでした。そんな建物が三、四棟並んでいました。その他にも慰安所の建物があると聞きました。慰安所の看板はありませんでした。部屋は一人寝るのにちょうどという大きさで、板間の上に毛布を敷いてやっと人一人通れるくらいのものでした。

また、中国の「海軍慰安所」に入れられた林金伢さんは次のように証言している（『証言』II）。

初め一週間は主人の部屋の掃除をした。その後、海軍の軍人が私の部屋にやってきた。恐ろしくて、軍人の相手をするのはいやだといって、泣きながら風呂場に隠れたが、おかみさんにひどく殴られた。頭から血が出るほどだった。それが恐くて、軍人に反抗できなかった。

軍慰安所生活におけるこのような初体験についての証言は、枚挙にいとまがない。これ

は日本兵の証言にもある。中国の衡陽《こうよう》で、軍慰安婦と「馬鹿話し」をするようになってい
た医官のものである（「戦争体験記・部隊史に見る『従軍慰安婦』」）。

半島から周旋人に騙《だま》されて、軍の慰安というので踊ったり歌ったりして慰めたら良
い――と思って又、周旋人もそう云った。それで、支那へ渡って来たら、「客を取れ」
と云う。「客を取れ」とは何の事やら解らずに、客の所へ行ったら、一辺《(ママ)》でヤラれて
しまった。それからは自棄糞《やけくそ》である。次々に数をこなす。

軍部が組織的に設置し、管理していた軍慰安所において強姦が行われていたのである。
暴力的強制連行が強姦と直結していたことは言うまでもなく、詐欺的連行や徴発的連行さ
れた女性たちもこのように強姦されていたのである。これはまさに管理強姦というほかな
い。

過酷使役

漢口の「海軍慰安所」のように、「一日に三、四人の客の相手をし、日曜日
には五人から八人を迎えた」（林金伢さん、『証言』II）というような事例
もあったが、一日に平均三〇～四〇人を相手にさせられることも多かった。前にも紹介し
た「満州」の軍慰安所にいた黄錦周さんは、次のように証言している（『証言』I）。

一日に相手をした軍人の数は三十～四十人くらいでしたが、休日には軍人たちがふ

んどし一枚で列を作るほどに押し寄せました。まだ前の人がいるのにそのふんどしまで取ってカーテンを開けて押し入る軍人もいました。少しでも時間が余計にかかると、外で「早く、早く」と叫ぶ声がしました。

さらに文必璂さんの証言を聞こう（『証言』Ⅰ）。

軍人たちは戸の外に列を作って順番に入って来るのですが、我先に入ろうとけんかになることがよくありました。軍人たちはゲートルを脱いで待っていました。先の人が中に長くいると、

慰安所の前で列をつくる日本兵
（村瀬守保写真集『私の従軍中国戦線』日本機関紙出版センター，1987年）

早く出てこいと戸を叩き騒ぎました。部屋にいられる時間は兵士が三〇分、将校が一時間と定められていました。でもたいていは五分ほどで出て行きました。

軍慰安婦はすさまじいまでの性・体力の酷使を強いられたのであり、また日本人将兵のぶざまな姿が目に浮かぶ。これは管理強姦の帰結である。

このような酷使は次のような病症を生む。上海の軍慰安所に入れられた金順徳さんは、「一日に何人もの兵隊たちの相手をさせられて、ほとんどの少女たちは子宮の入り口が引き裂かれたり、血が出たり、まともに歩くことすら出来ませんでした」と言っている（『証言』V）。また、インドネシアのスマランの軍慰安所に入れられた鄭書云さんは、「強姦」された後のことを次のように証言している（『証言』V）。

私たちは、すぐ日本の軍人の性の相手をさせられました。朝七時から夜の八時まで、軍人がやって来ました。一日数十名の兵士の相手をさせられました。あまりの痛みで、座ることも立つことも出来ませんでした。気絶する時さえありました。あまりの苦痛に、私は軍医に痛いと訴えました。そうしたら注射を打たれました。その注射は不思議なくらい、よく効いたんです。土曜や日曜、兵士が大勢押しかける日には、一日五本も打たれて、私はほとんど昏睡状態で軍人たちの相手をさせられました。それはアヘンの注射だったのです。

非人道的な性暴力のうえに、さらにアヘンという非人道的薬物を使って酷使しているのである。言うべき言葉がない。

このような軍慰安婦の過酷使役については、日本人旧兵士の側からの証言もある。「満州」のムーリンにいた兵士は次のように証言している（『証言』Ⅶ）。朝鮮人慰安婦のことである。

彼女たちは、多い日には、三五人ほどの兵隊の相手をさせられました。兵隊は、部屋の外に並んでいて、「おおい、まだか。はやくせい」と、ドアをドンドン叩きます。一人、一〇分か一五分ぐらいです。慰安婦は、食事をとることもできず、仰向けになっておにぎりを食べながら股を広げていました。

讃岐章男『広野の戦場』（第一出版、一九八六年）には、中国の岳陽県新開塘の軍慰安所の情景が次のように描写されている。

国道まで出て見ると、左前方に兵五十名ほどが列をつくっていて、その中に同年兵がいたので、どうして並んでいるのかと聞いたが、みな妙な笑い方をして答えない。ずんずん先へ歩いて行くと、その列は家の中まで続いていていて混み合った中をなおも先へ行くと、各室ともドアは無い。先頭のところでゲートルを巻いたままズボンを降ろし、下半身を露出した兵が三名いる。その前方を見て気が仰天した。見えたのは若い女が股を拡げ寝台より両脚を垂らし、兵がその上に被さって激しく上下運動をしている姿であった。このような情景を見るのは初めてであった。人間の欲望のなんと浅ましいことか。そこには人格のかけらも見ることもできず、一匹の野獣として映った。各部屋とも同じで大勢注視の中を平然と上下運動を続けていた。その上、次の番の者が「早くやれ」とやっている者の尻を軍靴《ぐんか》でけっている。乗っている者はそのまま振り向いて、「ほない早よう出来るか」と言いながら続けていた。終わったと見るや、次の者は前者を両手で払いのけると、もう乗っていた。私にはそんな真似は決して出来ない。

長尾和郎『関東軍軍隊日記』（経済往来社、一九六八年）の中の言説も貴重である。

　これらの朝鮮女性は「従軍看護婦募集」の体裁いい広告につられてかき集められたため、施設で《営業》するとは思ってもいなかったという。それが満州各地に送りこまれて、いわば兵隊たちの排泄処理の一道具に身を落とす運命になった。わたしは甘い感傷家であったかもしれないが、戦争に挑む人間という動物の排泄処理には、心底から幻滅感を覚えた。

（中略）

おれは東京の吉原、洲崎の悪所《あくしょ》は体験済みだが、東寧の慰安婦はご免だ。あれじゃ人体でなく排泄装置の部分品みたいなものだが、伊藤上等兵も同感する。戦況は心配ないのか。

長尾は東京の遊廓と軍慰安所との違いを強くかぎ分けているのである。

空襲のもとでも軍慰安婦たちは、次のようなかたちで使役された。姜順愛さんはガスパンあるいはサイパンでの体験を、次のように陳述している（『証言』Ⅳ）。

パラオ島（コロール島か）に帰る前に空襲が激しくなり、一人の娘と二人の軍人が死にました。やがて食糧が尽きたのでじゃがいもを植えて飢えをしのぎました。その後米軍の空襲がより激しくなったので、私たちは六〇〇〇人収容できる防空壕を地下に掘り、そこに逃げました。そのように追いつめられた状態になっても、軍隊は防空壕の外に二〇のテントを張ってそれを慰安所とし、兵士たちが列を作って並びました。そのテントの中で一日二〇人から三〇人の男の相手をさせられました。私が従順でないと思ったら男たちは刀で斬りつけてきました。右目、額の下、後首、頭などを切られ、今でもその傷痕が残っています。戦争が激しくなったので、彼らはテントを山の中に移しました。私たちはそこで毎日四〇人から五〇人の相手をさせられたため、一日が終わる頃にはよく失神したものです。

なお付け加えれば生理中も兵士の相手をさせられ、さらに次のような屈辱的な用務を果たさせられるところもあった。文必璂さんの証言である（『証言』Ⅰ）。

平日の昼間は洗濯をしたり、サックを洗ったりしました。軍人たちが使ったサックを裏表きれいに洗って消毒し、薬を塗って再使用したのです。土、日曜日に軍人たちが使ったサックを集めて洗い、もう一度使うのです。初めは洗い方がわからなかったので、ひと月ほど他の女たちがするのを見て覚えました。普通、慰安婦一人がサック四十～五十個を持っていて、軍人が来るとつけてあげるのです。たいがい三回使うと捨てて新しいサックに替えました。

暴力的支配

軍慰安婦は将兵による暴力によっても脅かされた。先に紹介した、アヘン注射を打たれながら兵士の相手をし続けさせられた鄭書云さんは、次のようにも陳述している（『証言』Ⅴ）。

昼間は兵士がやってきて、夜は将校が来ました。次々に相手をさせられ気絶したりすると、水をかけられ、意識が戻ってくるとまた相手をさせられました。そして、将校はとても乱暴でした。彼らはいつも軍刀を抜いて私たちを脅し半分にからかい、そして軍刀の先で私の身体のあちこちを刺しました。私の体は今でもその時の傷跡だらけです。（中略）それだけでなく、彼らは、煙草の火を私の身体に押し付けました。その火傷跡もあちこちにあります。でも、何よりひどかったのは、彼らは私を眠らせませんでした。過酷な生活で疲れ果てていつも睡眠不足でしたが、彼らは私が眠り込みそうになると、刀の先で刺したりして、眠ることを絶対許してくれませんでした。

また、将兵の粗暴な扱いに抵抗する軍慰安婦も多かったが、抵抗に対しては次のような仕打ちをうけた。パラオの軍慰安所に入れられた李相玉さんの証言である（『証言』Ⅰ）。

軍人の相手をする際、一回というのは普通一時間でしたが、一度済んでからもまた服を着ずに飛びかかって来る男もいました。こんなふうに何度も襲いかかってくるときにはいやだと言って拒みました。大声を上げ必死になって抵抗すると殴られたり、刃物で突き刺されたりしました。こんな生活に耐えきれず逃げだしたのですが、捕まってしまいひどく痛めつけられました。そのため今も右の耳がよく聞こえず、体もがたがたです。逃亡しようものなら首に縄をかけて引きずり回すなど、めちゃくちゃにされました。

易英蘭さんからの聞き取りも紹介しておこう（『証言』II）。

たまたまハルモニを見ていると、左手の人差し指の最初の関節から先が切れてなくなっているのが目についた。話題を変えるために、どうしてそうなったのかを聞くと、漢口から二日ほどかかる農村の慰安所で、ハルモニが客をとらなかったので、軍の将校である主人がハルモニの部屋に入って来て、言うことを聞かないのかといって、指先を切り落としてしまったのだという。

経営者（将校）からも肉体的制裁が加えられたのである。

先の李相玉さんは軍慰安所生活に耐えがたく、逃亡を試みたが、他にも逃亡するものが跡を絶たなかった。しかし逃亡に対して待ち受けているものは、李相玉さんと変わらなかった。ここでもう一人鄭学銖さんの場合を紹介しておこう（『証言』II）。

一九四〇年のある日の朝、私は軍隊について移動して、山東省にある棗庄《そうそう》へ行った。基本的な環境と生活はハルピンにいたときと変わらなかった。ここでも軍隊の中にある慰安所に寝泊りした。主人も日本人夫婦だった。私は折さえあれば、逃げ出そうとした。ここでもまた反抗的だという理由でよく殴られ、ひどい拷問を受けた。ある時は、顔をちゃんと化粧もせず、日本人軍人に反抗したという理由で、殺気立って殴られた後、また狭い監獄のようなところに閉じこめられた。

ふだん、慰安所で雑役を手伝ってくれていた中国人の老人李さんが、私の置かれた境遇があまりにも気の毒だといって、私が逃げるのを助けてくれた。漆《うるし》のように真っ暗な夜、カチャッ、カチャッという音が聞こえてきて、私ははじめは、ねずみが走っているのかしらと思った。しかし、まもなく、煉瓦が外されて、おじいさんの声がした。「娘さん、早く出なさい。私はあなたを助けに来たよ」。おじいさんは私を民家に連れて行ってしばらく隠しておき、服を着替えさせて、中国のお金を少しくれ、中国の名前を李天英とつけてくれた。私はこの老人への感謝を忘れないために、今もこの名前を使っている。

おじいさんは私に山の方へ逃げろと言った。そして、山の方に逃げて行くと二人の女と出会った。私はあまりびっくりして、また、警戒する気持で、お互いに身分を聞いたところ、彼女たちも朝鮮人慰安婦で逃げ出してきたところだといった。私たちは同じ身の上なので、ずっと一緒に逃げたが、間もなく、出動した日本軍たちが私たちを追い掛けてきた。二人は射殺され、私は手榴弾《しゆりゆうだん》の破片が当って捕まった。今も私の左のふくらはぎには、そのとき手榴弾に当った傷痕が残っている。私は捕まって拷問された後、再び監獄に入れられた。

民間経営者の支配下にある軍慰安婦であれ、逃亡すれば軍がただちに出動するのである。ここにも軍慰安婦が軍の管理下にあることが如実に示されている。

軍は慰安婦の逃亡を防止するために、前にも少しふれたが、慰安婦の外出の自由を認めず、監視体制を取るところもあった。台湾の軍慰安所にいた李容洙さんは、「爆撃で防空壕に行く時の他は監視が厳しくて、外に出ることが出来ませんでした。慰安所の外に出たら殴る、殺すなどと言われたので怖くてでられなかったのです」と証言している（『証言』I）。また、ラバウルの軍慰安所にいた朴順愛さんは、「まるで監獄にいるようで、外へ風に当たりに行きたいと思っても、慰安所の横には憲兵哨所《しょうしょ》があって、私たちが外にでられないよう見張っていました」と証言している（『証言』I）。漢口では、「積慶里の入り口にはいつも歩哨が立っていて、証明書がないと中に入れなかった。積慶里の中にはこのような慰安所がたくさんあったが、女たちは自分の慰安所の外に自由にでられなかった。一週間に一度ずつ、他の家（診療所）に検診に行くときと、一週間に二度数人ずつ一緒にお風呂に行くときだけが、家の外に出る機会だった」という状態であった（李鳳和さん、

『証言』II）。しかし次のような場合もあった。広東の軍慰安所にいた李英淑さんの証言によれば、「外出する機会があればお金をもらって、下着や化粧品を買いました。軍人がそれほど来ない日を選んで、ひと月に一、二度外出して、劇場に行って映画を見たりしました。経営者が連れて行ってくれるときもあれば、私たちだけで行くこともあり、中国人の引く人力車に乗って行きました」ということである（『証言』I）。総じて中国の大都市では規制はゆるやかであったようであり、それは過酷使役についても言えそうである。

前借金と年期

暴力的連行の場合には前借金や年期は考えられないが、詐欺的連行や徴発的連行、あるいは応募の場合には、前借金や年期がある場合もあったことは前に触れた。朝鮮にいるうちにすでに人身売買されていた張春月さんは、「私が借金をみんな返し終えたのは、武昌にいたときだった」と言っている（『証言』II）。また、紹介所で慰問団を募集するという話を聞き、早くお金を稼いで息子と一緒に暮らそうと思い自ら志願した朴順愛さんは、ラバウルの軍慰安所に連行されたが、「空襲はしだいに激しさを増し、人々は故郷へ帰りたくてやきもきしました。女たちは約束の期限が過ぎたのになぜ帰してくれないのかと経営者と何度も言い争いました」と証言している（『証言』I）。契約期間があっても、それは守られることはなかった。台湾の王清峰さんは、台湾人の被害者について、軍慰安所に入れられ「騙《だま》されたことを知りましたが、出発前父親に日本人から四百円が渡されていたため、異議をとなえる気持ちにならなかったのでした」と報告している（『証言』Ⅳ）。

ビルマにおけるアメリカ軍の捕虜尋問報告、すなわち朝鮮人慰安婦二〇名と日本人経営者二名に対する尋問によれば、「これらの周旋業者が用いる誘いのことばは、多額の金銭と、家族の負債を返済する好機、それに、楽な仕事と新天地——シンガポール——における新生活という将来性であった。このような偽りの説明を信じて、多くの女性が海外勤務に応募し、二、三百円の前渡し金を受け取った」とされている（『資料集』99）。

前渡し金・前借金を受け取った者がいたことは事実であろうが、それは労働に対する対価ではなく、詐欺的連行に対する身柄の確保の手段に過ぎなかったであろう。管理強姦のもとにおける過剰使役の状態のもとにおかれているのであるから、前渡し金は軍慰安婦を合理化する論拠にはなり得ない。また、朴順愛さんの証言に見られるように詐欺にひっかかって「応募」した場合に前渡し金が渡されていると考えられ、詐欺的連行や徴発的連行の態様から判断して、前渡し金を一般化することはできないと考えられる。

なお次のようなかたちの前借金もあった。漢口の積慶里の軍慰安所に入った河君子さんは、「主人は私を連れてきてくれた朝鮮人の男に金をやり、その間にかかった汽車賃がいくらで、着物代がいくらだと私に言った。それを私が身を売って返すというのだった。それを返すためには三年働かなければならないといった」と証言している（『証言』II）。こうして借金のくびきにつながれたのだ。

報酬

報酬については、経営者と軍慰安婦との間で、六分四分とか、五分五分という配分率が一応あるようであるが、元慰安婦の人々は一様に「お金をもらっていません」と証言している。それは次のようなからくりのためであると考えられる。そのひとつは、李得南さんの証言によれば、経営者の金山（金）は「全体の売上の七割は自分の取り分とし、私たちには三割をやると言いました。慰安所を出る時に一括支払いをするように、自分が帳簿に記録していると言っていました」というものである（『証言I』）。インドネシアのマルディエムさんも、「値段が表示してありましたが、私はその金額を受け取ったことは一度もありません。『客』から私に与えられたのは、コンドーム二つと券のようなものだけでした。『支払われたお金は貯金してあるから、戻る時に渡す』との説明を受けていました」と証言している（『証言』V）。このように退所時に「一括支払」する、「清算」するとだまして軍慰安婦には金銭を渡さなかったのだ。そして敗戦時には、経営者はいち早く姿をくらましてしまい、そうでない場合であっても渡されたのは無価値となった軍票であった。

もうひとつは、李相玉さんの証言によれば（『証言』Ⅰ）、

女たちにはそれぞれ部屋があり、小さなタンスが置かれていました。布団もありましたが、布団とタンスの代金は私たちの稼ぎから差し引かれました。（中略）私のひと月の給料は三十円ということでしたが、服や化粧品、鏡のようなものを持ってきては、その分を差し引かれるので、私はお金を手にしたことがありませんでした。経営者は、客を取るのだからきれいにしなければいけないと言い、チョゴリや着物、ワンピースを持ってきては買わせ、おかずも高価なものを作っては給料から差し引きました。

というものである。こういう証言は多くある。しばしば引用するビルマでのアメリカ軍による捕虜尋問報告書には、次のように記してある（『資料集』99）。

ミッチナでは慰安婦たちは、通常、個室のある二階建ての大規模家屋（普通は学校の校舎）に宿泊していた。それぞれの慰安婦は、そこで寝起きし、業を営んだ。彼女たちは、日本軍から一定の食料を配給されていなかったので、ミッチナでは「慰安所

の楼主」から、彼が調達した食料を買っていた。ビルマでの彼女たちの暮らしぶりは、ほかの場所と比べれば贅沢ともいえるほどであった。この点はビルマ生活二年目についてとくにいえることであった。食料・物資の配給量は多くなかったが、欲しい物品を購入するお金はたっぷりもらっていたので、彼女たちの暮らし向きはよかった。彼女たちは、故郷から慰問袋をもらった兵士がくれるいろいろな贈り物に加えて、それを補う衣類、靴、紙巻きタバコ、化粧品を買うことができた。（中略）彼女たちは蓄音機をもっていたし、都会では買い物に出かけることが許された。

（中略）

「慰安所の楼主」は、それぞれの慰安婦が、契約を結んだ時点でどの程度の債務額を負っていたかによって差はあるものの、慰安婦の稼ぎの総額の五〇ないし六〇パーセントを受け取っていた。これは、慰安婦が普通の月で総額一五〇〇円程度の稼ぎを得ていたことを意味する。慰安婦は、「楼主」に七五〇円を渡していたのである。多くの「楼主」は、食料、その他の物品の代金として慰安婦たちに多額の請求をしたため、彼女たちは生活困難に陥った。

前半では「贅沢」、後半では「生活困難」と一見矛盾する記述が見られるが、それは次のような事態の反映であろう。ミッチナの軍慰安婦が他に比較して高給を得ていたことは事実のようであり、これを一般化することはできないが、その給料を目当てに楼主は食料や物品を多額に売りつけ、利ざやを得ていたのである。いわば給料をも搾取していたのであり、その結果軍慰安婦たちは「生活困難に陥った」のである。そして多額の物品を売りつけていたのであるから、軍慰安婦が「衣類、靴、紙巻きタバコ、化粧品」、はては「蓄音機」を持つ者がいたとしても不思議ではないのである。楼主の搾取のえじきにかかった物品なのである。

軍慰安婦の中には、将兵がくれるチップを蓄えている人もいた。文玉珠さんの場合はかなり特例に属するが、その経験談を紹介しよう（『証言』Ⅰ）。

お金の話が出たので、お話しすることですが、私はお金を貯めるために本当に努力しました。アキヤブにいた時、将校たちは、日本語もうまいし歌も上手だといって私をほめてくれました。そして、誕生日のパーティーや送別会をする時には朝鮮人の中では文原ヨシコのほかにはいないといって、日本人慰安婦といっしょに私をよんでくれました。そうすると、私たちは決められた場所に行ってお酒のお酌もし、踊りを踊ったり、歌を歌ったりするのですが、一週間に二、三度そんなことがあって、その度によばれて行きました。上手に相手をつとめると彼らはチップをはずんでくれるので、私はこの金を使わずに貯金しました。

私はそれほど可愛い方ではありませんでしたが、「とてもきれいだ」といった馴染みの将校たちが、時々、私の部屋にやってきて泊まって行き、彼らが来ると兵士たちは入って来ませんでした。この時将校たちにもらった金も使わずに貯めました。こうして貯めたお金の他にも、酒やたばこもただでもらうことが多かったので、私はお金ができると、少しずつ野戦郵便局に貯蓄しました。そしてその後も私はお金ができれば、通帳に積み立てておいたのです。

下関が発行地になっているこの通帳をなくしてしまって、どのぐらいがっかりしたかわかりません。

ところで、支援団体の運動で、郵政省に「文原玉珠」名義の「原簿預払金調書」が残されていることが判明した。それによれば、一九四三年三月六日から四五年九月二九日までの預金高が二万六一四五円、四六年四月から六五年三月までの利息を合計して五万一〇八円になっていた。彼女がチップを貯蓄したものであろう。しかし日本政府は不当にも、まやかしの日韓請求権協定をたてに、韓国人への軍事郵便貯金の支払いを拒否している（廣崎リュウ「従軍慰安婦に返還されない軍事郵便貯金」『週刊金曜日』二六号）。

この項の最後に、契約期間があって、契約期間中は定額の給料をもらえないが、契約期間が過ぎれば経営者と半々の配分になり、また他の軍慰安所に移る自由をもつ事例のあることを指摘しておこう。これは広東にいた李英淑さんの場合であるが、二年の契約期間が過ぎても経営者は何も言わず、親友に教えられて知り、経営者と争ってようやく自由の身となったのである（『証言』Ｉ）。ここでは契約期間が過ぎてようやく半々の配分となること、また契約期間なるものがそもそもあいまいなものであるということである。なお彼女は日本に就職させてやるという詐欺的連行によって、軍慰安所に入れられた。

「強姦所」

正規の軍慰安所といえないような慰安所があった。ここではそれを「強姦所」とよんでおく。

フィリピンのルフィーナ・フェルナンデスさんの証言によれば（『証言』Ⅲ）、アメリカ軍が来る数ヵ月前から日本軍による地域掃討作戦が始まり、フィリピン人の男性はすべてゲリラとみなされ、多くの者が射殺された。ある夜、フェルナンデスさんの家も日本軍に襲われ、抵抗した父と母は殺され、さらに妹たちも殺された。

私は灰色の日本の自動車（旭日旗がついていた）に乗せられて、他の五人の女性と一緒に大きな家に連れていかれました。その家は私の家から非常に近く、二十軒くらい離れたところにありました。その家は日本軍の駐屯所で日本兵は五十人以上いました。私はその家の中の一つの部屋に閉じこめられ、私を連行した大柄な士官によって強かんされました。当時、私はまだ初潮はありませんでした。私は、毎日六人ぐらいの日本兵によって、部屋のなかで強かんされました。(中略) 私は約三カ月間そこに監禁されていました。

部屋には私一人だけでした。二人の見張りが部屋の外におり、食事はその見張りの兵士が運んできました。私はトイレにいくときだけ部屋の外に出ることができました。洗たく、炊事などを命じられたことはありませんでした。また、日本兵からお金をもらったことも、服などをもらったこともありません。私は一度逃げようとしましたが発見され、すぐに捕まってしまいました。そのとき、日本兵から平手打ちを受けたり、殴られたり蹴られたりしました。

フィリピン人のもと慰安婦の証言の中には、これと同様のものが多い。軍駐屯地に日本兵の監視のもとに監禁され、受付・利用料・利用券が用いられた形跡はなく、そしてやりたい放題に強姦されているのである。

中国の山西省進圭村の石洞も、この強姦所に属するだろう。これについては、李秀梅さん、劉面換さん、候巧蓮さんが証言している。ここでは李秀梅さんの証言を聞こう（『証言』Ⅵ）。

山西省西藩郷李庄村で生まれました。一五歳の時（一九四二年）の農暦八月、母親と自宅にいたところ、突然四人の日本兵が入ってきました。男たちはうれしそうに「花姑娘」と言いながら入ってきました。当時五〇歳くらいだった母親を無視し、オンドルに座っていた私のところへ来て、私を連れ出しました。私は恐くて震え、泣き叫んでいましたが、口の中につめものをされ、暴力的に家から連れ出されたのです。

私は両手を結わえられてロバに乗せられて両側は兵士に固められて、進圭村という村にある日本軍の駐屯地まで運ばれました。ここで監禁されたところは、この地方によくある石洞の一つでした。幅一・七メートル、奥行きが約三・三メートルで奥の半分はオンドルになっていました。オンドルの上には麻袋や藁《わら》が置かれていて、私が連れてこられた時、そこには二人の女性がいました。石洞の中には、便器用の桶があるだけで何もないところでした。入り口は鍵がかけられ、中国人の門番がいました。この石洞から出られたのは、排泄物を捨てにいく場合ぐらいで、そのまわりの様子はよくわかりません。監禁されてから、四、五日後、赤ら顔の「ロバ隊長」とよばれる日本兵が入ってきました。この隊長はまず先にいた女性を強姦し、続いて私を強姦しました。その日から、戦闘に出かける日以外は、毎日、日本兵たちが私たち三人を強姦しに入れかわり立ちかわりやってきました。三人の日本兵がやってきて、私たち三人を同時に強姦することもありました。石洞の中で順番を待つ兵士が、私たちが強姦されるのを見ていることもありました。一人の日本兵の強姦が終わると、続いて別の日本兵がすぐやってきて強姦することもありました。強姦は生理日でもかまわず行われました。私は多い時には日に一〇人、少ない時でも二、三人に強姦されました。私たちが抵抗すると日本兵は暴行を加えました。私はある時ベルトで殴られ、そのバックルが右眼にあたり怪我をしました。この怪我がもとで、私は後に右眼を失明してしまいます。また、皮の長靴で大腿部を蹴られて怪我をしました。この怪我がもとで、今では右足が左足より短くなっています。顔や腹、腰などはしょっちゅう殴られていました。

慰安婦の抵抗と心情

軍慰安婦の中には、前に紹介したジャンヌ・オヘルネさんのように終始、徹頭徹尾抵抗し、絶対的拒否の意思を堅持した人もいる。そこまでいかないとしても、虐使に対ししばしば抵抗し、暴力的制裁を受けた人が多い。また逃亡を試みた人もいたが、多くの場合捕らえられ、見せしめの刑に処せられた。虐使と屈辱に耐えかねて、自殺する人も跡を絶たなかった。金順徳さんは、次のように証言している（『証言』V）。

　少女たちは、毎日兵隊たちがテントの外にずらっと並んでいて、その相手をさせられるのに耐え切れずに、首を括《くく》ったり隙を見て海に飛び込んで死んだりして、一人二人いなくなるのですけれど、一体いつ、どこでどんな風にいなくなったのか、自殺したのか殺されたのか、そのことすら知らされませんでした。私も死のうと思って首を括ろうとしました。その時戸を壊して人が入ってきて、私は死にきれなかったんです。

鄭書云さんも次のように語っている（『証言』V）。

　耐えられなくなり、私は自殺を決心しました。熱帯地方ですから、蚊が多くマラリアが流行していました。高熱によく効く薬を、私は軍医に嘘をついて毎日一粒ずつもらいました。そして、四十粒がたまった時、私はそれを一気に飲みくだしました。三日間意識を失ったままでしたが、死に切れませんでした。あとで他の少女から聞いた話では、私は口から血をたくさん吐いていたそうです。

また望郷の思いにかられていた朴必璉さんは、「私は他の朝鮮の女の子と部屋に座って、一緒に故郷の話などしながら、仲良く時を過ごした。私と同じ故郷の子はいなかった」と言っている（『証言』II）。故郷の親や家族に思いを馳《は》せていたのであろう。鄭学銖さんは、「悲しみに浸っているときは、故郷の歌を歌った。『アリラン、アリラン、アラリヨ、アリラン峠を越えて行く』」（『証言』II）。

悲しみは正月などに酒を飲んだ時、一気に吹き出してきた。川田文子『赤瓦の家』には次のように記されている。

一九四五年正月は、島の人々も、全国各地から召集されてきた兵隊たちも、緊迫したおももちで迎えた。そして、ボンギさんら、朝鮮から来た女たちは……

――泡盛一升壜《びん》と、軍から日本酒も一本来てたかね。全部正月に飲んださね。もう、酔っ払ってるさ、みんな泣いておるさ。自分の親きょうだいいる人は思い出して泣くさね。正月の一日《ついたち》、夜、みんなアイゴー、アイゴー、泣いておったら、隣の人たちが寄って来て、もの陰から見ておったよ。泡盛は強いさね。とっても酔っ払って、朝起きたらとっても頭が痛かった。

辛い慰安所生活であっても、生きて行くにはそれなりに順応していかざるを得なかった。一回一時間の利用時間が守られているようなところでは、それなりの対話が成立する場合もあった。そうであっても心の底には、日本軍に対する激しい憎しみを蔵していた。日本兵山口彦三は、軍慰安婦マリ子の身の上話を聞いた時、彼女は最後に次のように口にしたという（『戦争体験記・部隊史にみる『従軍慰安婦』』）。

「日本の偉い人達はまったく卑怯ね、鬼だわ。中国の人達が日本人を東洋鬼《トンヤンキー》と呼ぶけど、私だってその気持ち、ちっとも変わらないわ」

マリ子は次第に口調が激しくなり、拳を握って必死に何かを耐えているようだった。日本兵士金富之助は、スマトラ島で、朝鮮人Y子から次のように訴えられた（『戦争体験記・部隊史にみる『従軍慰安婦』』）。

（憲兵である私は）、彼女の部屋へ招かれて、お茶、お菓子の接待を受けながら、故郷《くに》のことや生い立ち、家族の話など聞かせて貰った。私が一人でいったある日、彼女は

「私達は好き好んで、こんな商売に入ったのではないのです」

と、述懐するように溜息を吐きながら語った。

（中略）

Y子は真剣な面持ちで、訴えるように話を続けた。

「今更、悔んだって、嘆いたって仕方のないことだけど、当時は毎日泣きながら過したの。日本の軍隊が憎らしかった」

彼女は涙ぐんで

「あんた方兵隊さんはいい。内地へ帰れば手柄話をし、戦場の勇士として歓迎されるんだから名誉なことだわ。だけど私達はどうなの。看護婦になれるんだ、軍需工場で働くのだといって出て来て、煙草を覚え、厚化粧して媚《こび》を売ることしか覚えないで、看護婦のカの字も知らない。汚れたこの体はどう見たって昔の私には戻らない。親や兄妹に合せる顔もないでしょう」

彼女の頬には、小さな雫《しずく》が光っていた。私は唯《ただ》、黙って彼女の話を、椅子にもたれて聞いていた。

（中略）

「軍曹殿、皆な大声で笑ったり、噪《さわ》いだりしているけれど、心では泣いているんです。死のうと思ったことも何度もあるんです。この気持解ってもらえるかしら……」

ここであらためて、ビルマにおけるアメリカ軍の捕虜尋問報告を見よう（『資料集』99）。そこにはミッチナの軍慰安婦たちが、

ビルマ滞在中、将兵と一緒にスポーツ行事に参加して楽しく過ごし、また、ピクニック、演芸会、夕食会に出席した。

ここで軍慰安婦たちが、全人格的に心から楽しんでこれらの諸行事に参加していたと考える人がいたとしたら、その人は相当の能天気《のうてんき》である。「皆な大声で笑ったり、噪いだりしているけれど、心では泣いているんです」。

これまで述べきたったことからすれば、軍慰安婦は軍事的性奴隷と規定される。

軍事的性奴隷制

奴隷は、人身売買・捕虜・誘拐等によって、自己の生産・生活手段、あるいは民族・共同体・家族から引き離されて、人格ぐるみ第三者たる個人または集団の所有物とされた存在である。一般に過酷に使役される。

軍慰安婦は、詐欺・徴発・暴力的強制連行によって、民族・共同体・家族から引き離され、軍が組織的に設置した慰安所で、軍の管理のもと、軍そのものが直接に（軍直営）あ

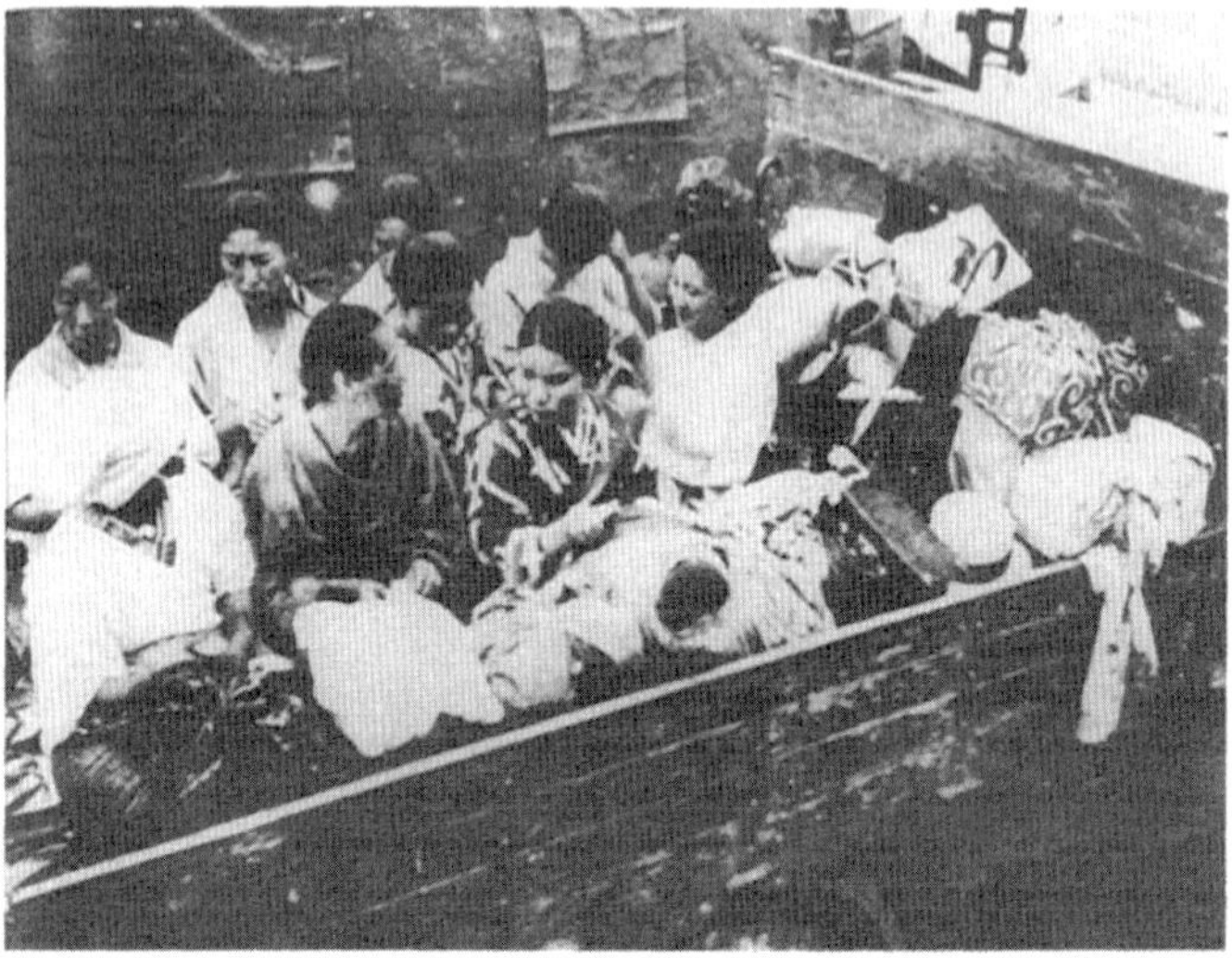

トラックで運ばれる慰安婦たち
（村瀬守保写真集『私の従軍中国戦線』日本機関紙出版センター，1987年）

るいは民間人業者によって人格ぐるみ所有・拘束された。それにより管理強姦体制のもとにおかれ、過酷使役と暴力的支配にさらされた。そして事実上、無報酬的に搾取された。それゆえに、軍慰安婦は、まさに軍事的性奴隷と規定されねばならないのである。

公娼をはじめとする一般の売春婦も、右の内容から軍を除けば、本質的には性奴隷であった。売春婦は年期制をとった前借金を受けていたが、給料の中から衣装代や道具代、化粧品代等として抜き取られて前借金を返済するどころではなく、あるいは時貸《ときが》しによって前借金はふくらみ、前借金のくびきから抜け出すことは容易なことではなかった。

したがって軍慰安婦は、性奴隷のうちにおいて軍事的という規定性を受けている点において特殊性を有し、またそれゆえに占領地や戦地を舞台とし、植民地や占領地の女性を動員することによって、強制連行（詐欺的連行・徴発的連行・暴力的連行）や過酷使役・暴力的支配というかたちをとり、それによって性奴隷制・公娼制の極限的形態をなしていた。この極限的形態のさらなる極限が強姦所である。

戦争犯罪と戦後責任——エピローグ

戦争犯罪

十五年戦争あるいはアジア・太平洋戦争のもとにおける日本軍の軍慰安所・慰安婦については、軍慰安婦の連行・扱いの問題の以前に、まずもって軍慰安所の設置が問題にされなければならない。日本軍の駐屯所《ちゅうとんしょ》に軍慰安所ありといえるほど大量に設置された軍慰安所は、陸海軍大臣を頂点に、軍部が主導性をもって組織的に設置したものであり、単に関与する程度にとどまるものではなかった。海軍省の場合は軍務局長や兵備局長が陣頭指揮をとり、派遣軍においては高級参謀が設置を企図・指示した。陸軍経理学校においてすら、慰安所の設置方法が教育されるほどであった。そして軍は民間業者の選定にもあたった。また、設置には内務省や府県、警察が協力した。軍慰安所は軍秩序を維持するための安全弁として、また、帝国主義的欲望の発露であるところの強姦による反日感情の高揚を抑止するために設けられたのである。

軍慰安婦は、日本人を除けば、朝鮮・中国・東南アジア・南太平洋の各地から、多くは未成年のいわゆる素人女性が、詐欺的連行・徴発的連行・暴力的連行によって軍慰安所に送りこまれた。いずれも強制連行としての性格を持つものである。朝鮮人は海外の各地域に連行された。詐欺的連行は女衒《ぜげん》の手になるが、背後に組織的な力が働いており、京城の陸軍司令部が関与していたことは明らかであるが、朝鮮総督府も関与していたであろう。台湾では台湾総督府が関与していた。徴発的連行は軍命令によるものであり、暴力的連行は軍自体の実力行使であり、文字通りの慰安婦狩りも含まれていた。慰安所には軍直営のものと民間業者の経営によるものとがあったが、軍直営のものは上海・南京にもあり、とりわけ前線基地や辺地はこれによるものと思われる。慰安所は軍の管理下に置かれ、軍慰安婦に対する性病検診が定期的に行われた。軍慰安婦は管理強姦体制のもとにおかれて過酷に使役され、暴力的支配にさらされた。報酬は一括後払いという欺瞞《ぎまん》や、衣服・化粧品等の売りつけによってなきに等しいものであった。軍慰安婦はまさに、軍事的性奴隷と言わねばならない。

軍慰安所の設置と管理、軍慰安婦の連行と使役という全局面において、軍部が主導性を発揮していたのである。これが日本軍、日本国家による侵略戦争にともなう戦争犯罪であることは明白である。それはとりわけ「人道に対する罪」を構成するものである。「人道に対する罪」は第二次大戦後のドイツに対するニュルンベルク裁判において定式化されたものであるが、これは開戦決定や戦争指導等を指す「戦争犯罪」より広義な罪概念であって、国内外民間人に対する集団殺害、奴隷的虐使、追放や、政治的人種的迫害行為を犯罪としたものであった。これは生命、身体、自由の権利、すなわち基本的人権、人間の尊厳性の尊重の重視に根ざすものである。この意味で「人道に対する罪」の設定は、戦争犯罪を問うのに決定的な重味を持っていた。軍慰安婦に対する強制連行、奴隷的虐使は、まぎれもなく「人道に対する罪」にあたる。それは人権、人間の尊厳性に対する極限的な侵害である。

ここでひるがえって戦争犯罪一般について考えておこう。ドイツの実存哲学者カール・ヤスパースは、戦争犯罪・戦争責任について敗戦直後いち早く講じたが、その中で彼は次のように論じている（橋本文夫訳『戦争の罪を問う』平凡社、一九九八年）。

事実、われわれドイツ人には、われわれの罪という問題をはっきりと洞察し、そこから当然の帰結を引き出すという義務が一人一人に課せられている。それはわれわれの人間としての尊厳によって生ずる義務である。世界がわれわれについてどんなことを考えているかということですら、われわれは無関心であり得ない。われわれは人類に属し、まず人間であって、しかる後にドイツ人であるからだ。しかしわれわれにとってこれにもまして重要なことは、困苦と従属のうちにあるわれわれ自身の生活が、今はただみずからを欺かない真実によってのみその尊厳をもち得るということである。罪の問題は他からわれわれに向けられる問題というよりは、むしろわれわれによってわれわれ自身に向けられる問題である。われわれがこの問題に心の底からどのような答えをするかということが、われわれの現在の存在意識・自意識の基礎になるのである。それはドイツ魂の死活問題である。この問題を経てこそ、われわれにわれわれの本質性格の根源から発する革新を遂げさせるほどの転換が起こり得るのである。勝利者の側からする有罪宣告は確かにわれわれの現実生活にとってきわめて重大な結果を及ぼし、政治的な性格を帯びはするけれども、内面的な転換という決定的な点では、われわれの助けにならない。この点では自分を相手とするほかに道がない。哲学と神学とが罪の問題の深みを照らし出す使命をもつのである。

また、次のようにも言っている。

罪を明らかにすることは、同時にわれわれの新たな生き方と生きる上での種々の可能性を明らかにすることである。ここから真剣味と決意とが生まれてくる。

さらにヤスパースは、「刑法上の罪」「政治上の罪」「道徳上の罪」のうえに、「形而上的な罪」の概念を設定して次のように説いている。

そもそも人間相互間には連帯関係というものがあり、これがあるために人間は誰でも世のなかのあらゆる不法とあらゆる不正に対し、ことに自分の居合わせたところとか自分の知っているときに行なわれる犯罪に対して、責任の一半を負わされるのである。私が犯罪を阻止するために、自分でできるだけのことをしなければ、私にも罪の一半がある。

ヤスパースのこの真摯な透徹した論理の前には、戦争責任を追及することを「自虐史観」などといって面罵《めんば》する藤岡信勝氏らの「自由主義史観」というエセ自由主義は、泡沫のごとく消え飛んでしまうであろう。

軍慰安婦に対する虐使は、数々の通例的国際法規をおかす戦争犯罪でもあった。国際法律家委員会（ＩＣＪ）『国際法からみた「従軍慰安婦」問題』（明石書店、一九九五年）によってみていこう。

第一に、一九二一年の「婦人及び児童の売買禁止に関する国際条約」への違反である。この条約は植民地を適用除外地域としており、日本はそれを利用して朝鮮から婦人・児童を連行したが、植民地を適用除外した立法趣旨は、当時の植民地において「持参金」「花嫁料」等の慣行があり、これを法によってすべて解決するのは適当ではないとの判断にあったのであって、日本の行為はこの立法趣旨に反している。

第二に、一九二六年の奴隷条約への違反である。これは奴隷の所有・取り引きを全面的に禁止したものであって、軍慰安婦がこれに反することはあまりにも明らかである。日本はこの法を批准しなかったが、慣習国際法の一部をなしている。

第三に、一九〇七年に締結されたハーグ規則（陸戦の法規慣例に関する条約）第四六条への違反である。第四六条は対戦国の家族の名誉の保護を規定しているが、軍慰安婦の虐使はその家族の名誉を侵害するものである。これも慣習国際法となっている。

なお一九三〇年のＩＬＯ強制労働条約に関して、ＩＬＯ専門家委員会は一九九六年三月に慰安婦は女性の強制労働を厳しく禁止した強制労働条約に違反すると勧告を出している。

戦後責任

戦争犯罪はその罪をおかした個人ないし組織が処罰されねばならず、また被害者個人への謝罪と補償が求められる。軍慰安所を組織・設置し、軍慰安婦を強制連行・虐使した責任者は処罰されなければならず、また元軍慰安婦に対しては謝罪と補償がなされなければならない。しかし日本の戦争犯罪をさばいた東京裁判は、「人道に対する罪」をかかげながら、それをもって起訴・有罪とすることはなく、「人道に対する罪」は無視された。したがって軍慰安婦に対する非人道的行為も不問に付された。これは東京裁判が、アジア人の人権を無視するという民族的偏見をもっていたことを示すものである。

ただ、蘭領インドネシアにおいては、オランダが一九四八年二月一四日、バタビヤ臨時軍法会議において軍慰安婦にかかわる判決を宣告した。「強制売春のための婦女子誘拐」「売春強要」「婦女強姦」「俘虜虐待」の罪によって、一人に死刑、八人に禁固二〇年から七年の刑が言い渡された（「オランダ女性慰安婦強制事件に関するバタビア臨時軍法会議判決」『戦争責任研究』三号）。しかしこの裁判・判決はオランダ人女性の軍慰安婦に関するものであって、植民地支配者オランダにとって現地住民のインドネシア人は眼中になく、それをまったく無視したものなのである。

ところで軍慰安婦問題についての最高責任者は昭和天皇である。日本の軍隊は国民の軍隊でも政府の軍隊でもなく、天皇の軍隊＝「皇軍」であった。それをイデオロギー的に明確に示したのが、「我国の軍隊は世々天皇の統率し給ふ所にそある」という文章で始まる一八八二年（明治一五）の軍人勅諭《ちょくゆ》であった。軍人勅諭は次のように宣している。

夫《それ》兵馬の大権は朕《ちん》か統《す》ふる所なれは其司《そのつかさ》々をこそ臣下には任すなれ、其大綱は朕親之《みづからこれ》を攬《と》り肯《あへ》て臣下に委ぬへきものにあらす。（中略）朕は汝等《なんじら》軍人の大元帥なるそ。されは朕は汝等を股肱《ここう》と頼み汝等は朕を頭首と仰きてそ其親《したしみ》は特に深かるへき。

そして大日本帝国憲法の第一一条は、「天皇は陸海軍を統帥す」と天皇の統帥権《とうすいけん》の独立を定め、さらに第一二条は、「天皇は陸海軍の編制及常備兵額を定む」と規定した。統帥権を総攬《そうらん》する大元帥《だいげんすい》の天皇が、軍部の重大な法的・政治的・道義的犯罪に責任を負うべきは当然のことである。それが最高責任者の問われるべき道であり、取るべき道である。

東京裁判は天皇を免責し、アジア諸国民を不在とする不十分な戦争裁判であった。そのうえ日本人は他者の裁きをもって片がついたものと見なし、自らの手によって主体的に戦争犯罪を追及することをしなかった。そこに今もってナチ犯罪者を追及しているドイツとの際立った違いがある。しかもA級戦犯の岸信介を内閣総理大臣とし、また主計中尉として南方に軍慰安所をつくったことを誇らしげに語っている中曾根康弘も内閣総理大臣とした。戦後の日本は戦前の日本とはたしてどこまで変わったのであろうか。それは民主主義を外的・制度的に受け入れながら、戦前の自己意識との内面的葛藤・対決を抜きにしてずるずると自然的に推移してきてしまったことの現れであろう。私たち日本国民は真に罪責を負う観点から、日本政府に対し戦争責任を徹底的に明らかにし、戦争犯罪者を処断し、被害者に対して個人補償するよう要求する責任と義務がある。

八〇年代に入ると、国民意識にも戦争の侵略性や加害性を認める意識が増大してくる。経済的配慮からアジアへの加害を口にするようになった政府とはコントラストをなしている。軍慰安婦については、一九七三年（昭和四八）に千田夏光氏の先駆的業績『従軍慰安婦』が出版され反響を呼んだが、戦争責任追及の運動にまではつながらなかった。これが政治的・社会的問題の画期となったのは、韓国において金学順さんが名乗り出、そして日本政府を相手に補償請求の裁判を起こしたことによる。そして吉見義明氏が防衛庁防衛研究所図書館において発見した、日本軍が軍慰安所設置を指示した公文書を『朝日新聞』（一九九二年一月一一日）が報道するに及んで、政府も日本軍の関与を認めざるを得なくなり、謝罪の談話を発表した。しかし戦争犯罪と明言することを避けている。

また、元慰安婦の補償請求に対して、日本政府は一九六五年の日韓協定によって解決済であるとして、これをかたくなに拒んでいる。確かに協定第二条は、請求権問題は「完全かつ最終的に解決されたことになることを確認する」としているが、この際の韓国側の請求リストはきわめて限られたものであった。前掲の『国際法からみた「従軍慰安婦」問題』は、「この請求リストからきわめて明らかなことは、戦争犯罪、人道に対する罪、奴隷条約と婦女売買禁止条約または国際法の慣習規範の違反から生じる個人の権利の侵害に対しては、交渉の対象になっていなかった」と指摘し、さらに次のように述べている。

一九六五年協定のすべての条文は、負債の解決を含めて、財産の処理および両国間の商業関係の規律に関するものである。条約の背後にある目的の一つが両国間の将来の経済協力の基礎を築くことであったことに留意するなら、これが条約の主要な目的であるべきだったことに不思議はない。この条約の文脈における「請求権」という用語には、日本側が主張するような広い意味を与えることはできない。したがって、日本は、韓国の慰安婦による請求を阻止するために、一九六五年協定を採用することはできないというのがわれわれの結論である。

一九五六年の日比賠償協定についても、

この合意では特定性を欠いているため、いかなる問題がフィリピン側から提起されて、賠償協定に含まれるべきと考えられたのかを決定することが困難である。したがって、日本によって強制連行・強姦され、そして慰安婦として利用された女性の請求権が含まれているとみなすことはできない。

としている。

なお付け加えれば、私は日本とアジア諸国との賠償協定については、日本の戦争犯罪を徹底的に掘り起こす観点から、全面的に見直す必要があると考える。

それはともかく、上記のような正当な指摘があるにもかかわらず、日本政府は相変わらず元慰安婦の補償請求権を拒否している。そこで日本政府が窮余の策として生み出したのが、一九九五年につくった女性のためのアジア平和国民基金（アジア女性基金）である。これは国民から醵金を募って、元慰安婦に二〇〇万円の償い金を、内閣総理大臣橋本龍太郎の「お詫びと反省」を表明した手紙を添えて渡そうというものである。これは国家の法的責任を回避し（首相の手紙は「道義的責任」にとどまる）、しかも賠償ではなく単なる慈恵的行為にしかすぎない「償い金」でことをすまそうとするものであって、軍慰安婦の問題を、正面から戦争犯罪・戦争責任として認めていないことの反映である。

あとがき

エピローグでは後、〈性の国家管理と性差別〉〈ファシズム・全体主義と性暴力〉についていて書くことを予定していたが、私の現在の能力をもってはとうてい不可能であることを悟ったので、断念した。その意味では軍慰安所・慰安婦の全体像を描き切ったことにならないが、軍慰安所・慰安婦の輪郭を体系的に描き得たものと、いちおう満足している。

ここで一、二の付け加えをしておきたい。第二次大戦下において、アメリカ軍海外駐屯部隊は性病感染予防の手段として、既存の売春宿のうちから特定の売春宿を軍指定とし、洗浄消毒器具を常備させ、軍医が定期的に売春婦の性病検査を行った。そして兵士には指定の売春宿以外の施設を使わせないようにさせ、売春婦にも兵士以外には接し得ないようにした（田中利幸「なぜ米軍は従軍慰安婦問題を無視したのか」『世界』一九九六年一〇月）。アメリカ軍もこのように兵士の性管理を行い、指定売春宿をおいたが、あくまでも既成の売春宿を利用し、それを国家管理のもとにおいたのであって、日本軍のように軍が主導性をもって軍慰安所を組織的に設置したのとは決定的に異なる。強制連行のような犯罪行為も行われなかったであろう。この違いは、軍慰安所と国内の公娼宿との違いにも通ずるものである。

ドイツ国防軍も、日本の軍慰安所に似通った施設を多数設置したと言われている（秦郁彦『昭和史の謎を追う』下、文芸春秋、一九九三年）。占領地の女性を強制連行したのであろうか。また性暴力の観点からは、ソ連赤軍のベルリンおよび「満州」進駐時の大量の組織的強姦も見逃すことができない（ベルリンについては、アティナ・グロスマン「沈黙という問題—占領軍兵士によるドイツ女性の強姦—」『思想』八九八号）。したがって軍慰安所等の性暴力は、帝国主義一般の問題であるよりは、ファシズムのナチスドイツ、天皇制ファシズムの日本、スターリニズムのソ連という、ファシズム国家ないしは全体主義国家の所産と見なした方がよいであろう。日本に即して言えば、天皇制ファシズム（神権天皇制と人権欠如国家）における自民族優越主義と他民族蔑視・排外主義、そして家父長制と性差別・性道徳の二重基準の形成と構造が問われなければならないであろう。

本書は吉川弘文館編集第一部の大岩由明氏の熱心なお勧めなしには、このようなかたちで世に出ることはなかったであろう。また編集第一部の宮崎晴子さんには適切なご指示をいただいた。両氏に厚く御礼申し上げるものである。

一九九九年五月三日

峯岸賢太郎

著者紹介

一九三七年、東京都に生まれる
一九六一年、東京都立大学大学院人文科学研究科修士課程修了
現在、東京都立大学教授

主要著書

近世身分論　近代に残った習俗的差別　部落問題の歴史と国民融合　近世被差別民史の研究

歴史文化ライブラリー
87

皇軍慰安所とおんなたち

二〇〇〇年(平成十二)三月一日　第一刷発行

著　者　峯《みね》岸《ぎし》賢《けん》太《た》郎《ろう》

発行者　林　英男

発行所　株式会社 吉川弘文館
東京都文京区本郷七丁目二番八号
郵便番号一一三―〇〇三三
電話〇三―三八一三―九一五一〈代表〉
振替口座〇〇一〇〇―五―二四四
印刷＝平文社　製本＝ナショナル製本
装幀＝山崎　登

歴史文化ライブラリー

1996.10

刊行のことば

現今の日本および国際社会は、さまざまな面で大変動の時代を迎えておりますが、近づきつつある二十一世紀は人類史の到達点として、物質的な繁栄のみならず文化や自然・社会環境を謳歌できる平和な社会でなければなりません。しかしながら高度成長・技術革新にともなう急激な変貌は「自己本位な刹那主義」の風潮を生みだし、先人が築いてきた歴史や文化に学ぶ余裕もなく、いまだ明るい人類の将来が展望できていないようにも見えます。このような状況を踏まえ、よりよい二十一世紀社会を築くために、人類誕生から現在に至る「人類の遺産・教訓」としてのあらゆる分野の歴史と文化を「歴史文化ライブラリー」として刊行することといたしました。

小社は、安政四年(一八五七)の創業以来、一貫して歴史学を中心とした専門出版社として書籍を刊行しつづけてまいりました。その経験を生かし、学問成果にもとづいた本叢書を刊行し社会的要請に応えて行きたいと考えております。

現代は、マスメディアが発達した高度情報化社会といわれますが、私どもはあくまでも活字を主体とした出版こそ、ものの本質を考える基礎と信じ、本叢書をとおして社会に訴えてまいりたいと思います。これから生まれでる一冊一冊が、それぞれの読者を知的冒険の旅へと誘い、希望に満ちた人類の未来を構築する糧となれば幸いです。

吉川弘文館

〈オンデマンド版〉
皇軍慰安所とおんなたち

歴史文化ライブラリー
87

2017年（平成29）10月1日　発行

著　者　峯《みね》岸《ぎし》賢《けん》太《た》郎《ろう》
発行者　吉　川　道　郎
発行所　株式会社　吉川弘文館
〒113-0033　東京都文京区本郷7丁目2番8号
TEL　03-3813-9151〈代表〉
URL　http://www.yoshikawa-k.co.jp/

印刷・製本　大日本印刷株式会社
装　幀　清水良洋・宮崎萌美

峯岸賢太郎（1937～）

ISBN978-4-642-75487-3